KB167035

성공의 길은 내 안에 있다

차례
Contents

생각의 틀을 바꿔 한계에 도전하라

스스로 길을 만들어라

생각을 조심하라.
왜냐하면 그것은
말이 되기 때문이다.

말을 조심하라.
왜냐하면 그것은
행동이 되기 때문이다.

행동을 조심하라.
왜냐하면 그것은

습관이 되기 때문이다.

습관을 조심하라.
왜냐하면 그것은
인격이 되기 때문이다.

인격을 조심하라.
왜냐하면 그것은
인생이 되기 때문이다.

물이 반쯤 채워진 컵을 상상해보자. 물이 반밖에 없는 것일까? 아니면 물이 반이나 남아 있는 것일까? 우리의 사고는 언제나 컵은 변하지 않는 정(定)수이고, 물은 변(變)수라는 가정 하에 이루어지는 경우가 대부분이다. 하지만 생각을 바꿔보자. 컵이 변수일 수는 없을까? 만약 컵이 변수이고 물이 정수라면 가능성을 확대해볼 수 있다. 컵을 크게 하면 물을 더 많이 담을 수 있기 때문이다.

컵의 크기는 물을 담을 수 있는 가능성의 한계이다. 그리고 그 컵마다에는 개성이 있고, 각각의 재질 또한 다르다. 예를 든다면, 철로 만들어진 컵, 유리로 만들어진 컵, 도자기로 만들어진 컵이 있는데, 컵을 자기 자신에 비유해보면 어떨까? 컵에도 제각기 개성이 있듯이 사람 각자에게도 독특한 개성들이 존재한다.

생각을 바꾸어서 자신의 가능성의 한계를 넓혀보라. 우리가 상상할 수 있는 일은 곧 우리가 할 수 있는 일이다. 눈앞의 현실은 3차원의 세계임에도 불구하고 우리들은 2차원의 평면으로만 모든 것을 인식한다. 한 문제에 한 가지 답만 있지는 않다. 언제나 우리의 인생에는 다양한 답들이 존재한다.

상상력은 수많은 사람들이 가진 정신작용 중에서 가장 높은 것으로서 아직도 진화가 진행되고 있는 능력 가운데 하나라고 한다. 저명한 심리학자인 맥스웰 몰츠 박사는 "우리의 뇌는 선명하게 그려진 상상과 실제 현실을 구분하지 못한다." 라고 했다.

상상하라. 언제나 자신이 꿈꾸는 이상적인 모습을 상상하라. 중국의 문학가 노신은 "희망이란 원래부터 있는 것이라고 보기도 어렵고 없는 것이라고 보기도 어렵다. 그것은 지상의 길과 같다. 원래 지상에는 길이 없다. 걷는 사람이 많아지면 그것이 길이 된다."라고 했다.

자신이 꿈꾸는 이상적인 길을 걸어가라. 길을 만들어라. 그리고 그 길을 남들에게 인도하라. 자신 안에 이미 내재되어 있는 가능성의 한계에 도전하라. 그런 당신은 주위 사람들에게 맑은 거울이 될 것이며, 희망을 주는 멋진 리더로 성장하게 될 것이다.

고정관념의 감옥에서 벗어나라

파바박! 이게 무슨 소리일까? 팝콘 튀기는 소리다. 도저히 먹을 수 없는 딱딱한 옥수수 알갱이에 열을 가하면 어느 정도 시간이 지난 후에 파바박 소리를 내면서 먹음직스러운 팝콘이 된다. 하지만 그중 일부는 튀겨지지 않은 상태로 있어서 먹지 못하고 버려야 한다. 그 알갱이는 결국 맨 밑바닥에서 천덕꾸러기처럼 이리 뒹굴 저리 뒹굴 하다가 쓰레기통으로 가게 된다.

알갱이들이 먹음직스러운 팝콘으로 바뀌기 위해서는 반드시 열을 가해주어야 한다. 그 열은 가스레인지의 열일 수도 있고, 전자레인지의 열일 수도 있다. 어떤 열로 가해주느냐에 따라 튀겨지는 정도가 다르다. 가장 많은 알갱이를 정확하게 튀겨주는 열은 전자레인지의 '팝콘'이라고 씌어진 열일 것이다. 전자레인지는 옥수수 알갱이에 가장 적당한 온도와 시간을 제공해 주기 때문에 튀겨지지 않은 알갱이 손실이 가장 덜할 것이다.

그런데 신기한 것은 눈으로 보이는 모양은 똑같아 보이는 알갱이들이지만 튀겨지는 시간은 제각기 다르다는 것이다. 똑같은 열을 쐬어주지만 10초 만에 튀겨지는 알갱이도 있고, 2분 후에 튀겨지는 알갱이도 있다. 그런가 하면, 오랜 시간이 지나도 튀겨지지 않는 알갱이도 있다. 하지만 모두 다 옥수수 알갱이임에는 틀림없다. 10초 후에 튀겨졌든, 2분 후에 튀겨졌든 그것은 그리 중요하지 않다. 중요한 것은 튀겨졌다는 사실이다. 문제는 튀겨지지 않고 남은 알갱이인 것이다.

사람도 마찬가지다. 겉으로 보기에는 모두 다 같은 사람들처럼 보인다. 하지만 튀겨보면 금방 그 실체가 드러나게 되어 있다. 내가 아무리 세상 돌아가는 얘기를 하더라도, 아무리 인생에 대해서 많은 얘기를 하더라도 받아들이는 상대들은 옥수수 알갱이처럼 제각각이다. 사고방식도, 행동도, 모든 것이 같은 사람은 이 세상에 단 한 명도 없다. 그래서 내가 소중한 것이다. 이 세상에서 유일무이한 존재이니까 말이다.

어떤 사람은 자기 마음의 사슬을 끊는 데 30년이 걸릴 수도 있고, 또 어떤 사람은 3일이 걸릴 수도 있다. 하지만 분명한 것은 그 사슬을 언제 끊었냐는 것이 중요한 것이 아니라 사슬에 묶여 있다는 사실을 인지하고 그 사슬을 끊기 위해 노력하는 것이 중요하다는 사실이다. 그 사슬을 끊게 되는 순간이 당신의 알갱이가 팝콘으로 튀겨지는 순간이다. 그 옥수수의 알갱이가 팝콘이라는, 먹을 수 있는 가치 있는 것으로 바뀌는 것처럼 그 순간 바로 당신은 정말로 쓸모 있는 사람이 되는 것이다. 그 사슬을 끊은 사람에게는 멋진 세상이 펼쳐진다. 본인이 원하는 무엇이든 될 수 있고, 무엇이든 가질 수 있으며, 무엇이든 할 수 있는 세상이 펼쳐지는 것이다.

여기서 사슬은 바로 당신의 고정관념을 의미한다. 고정관념은 나의 사고방식에 덫을 놓게 된다. 덫이 씌워진 사고방식은 과감히 버릴 줄 알아야 한다. 고정관념은 생각의 틀을 벗어나지 못하게 하는 창살 없는 감옥과도 같기 때문이다.

"위대한 사람이란 사고방식이 세상을 지배한다는 사실을 알고 있는 사람"이라고 에머슨은 말했다. 우리는 생각을 바꾸는 과정을 통해서 지금까지의 삶을 완전히 탈바꿈시킬 수 있다. 그러나 생각의 틀을 바꾸지 않는 한 우리는 결코 바뀔 수 없다. 튀겨지지 않은 알갱이처럼 쓸모없는 인간으로 남게 될 뿐이다.

의미도 목적도 없는 습관에서 벗어나라

조건반사란 말은 생리학자 이반 페트로비치 파블로프의 유명한 실험으로부터 유래된 것이다. 파블로프는 벨이 울리면 개가 침을 흘리도록 '조건을 만들기 위해' 먹이를 주기 직전 벨을 울렸다. 이러한 과정이 몇 차례에 걸쳐 반복되다보니 그 개는 벨소리만 듣고도 먹이를 예상하고 미리 침을 흘렸다. 개는 벨소리와 먹이의 관계를 '학습'하고 반응한 것이다.

개의 입장에서 볼 때 벨소리에 반응하는 것은 당연한 이치다. 벨소리는 음식이 나온다는 신호이며, 따라서 개는 침을 흘리면서 먹을 준비를 한다. 이러한 과정이 반복되면 될수록 개는 음식이 나오지 않는 경우에도 벨이 울릴 때마다 침을 흘리며 반응하게 된다. 개는 이제 벨소리를 들을 때마다 침을 흘리도록 '조건화'된 것이다. 한 마디로 개의 반응은 이치에 맞지 않으며 아무 목적도 없지만 일종의 습관이 되어버린 것이다.

그렇다면 음식이 나오지 않음에도 불구하고 벨소리만 나면 침을 흘리고 먹을 준비를 하고 있는 이러한 반응이 과연 개에 게만 적용되는 것일까? 우리에게는 아무런 의미도 목적도 없는 습관 때문에 조건화된 경우가 없는가?

이 세상의 복잡한 환경 속에서 우리는 수많은 '벨소리'와 자극에 시달린다. 이에 대한 반응은 우리의 감정과 아무 상관 없이 조건 반사에 따라 습관적으로 일어난다. 하지만 우리는 그렇게 무의식적으로 조작되고 통제된 상태로 살아갈 정도로 열등하거나 우둔한 동물이 아니다. 우리는 창조적인 인간이고, 합리적인 사고를 할 수 있다. 또한 우리는 단호하게 자신의 의견을 주장할 수 있는 능력이 있다.

우리는 '개'처럼 반응하기를 원하는지, 우리 자신이 직접 결정하기를 원하는지 결정해야 한다. 그리고 우리는 통제받기를 원하는지, 아니면 스스로 통제하길 원하는지의 여부를 결정해야 한다. 그러나 이것은 말처럼 쉽지 않다. 왜냐하면 결과를 멀리 내다보고 내려야 하는 결정이기 때문이다. 이런 종류의 결정은 미래를 읽을 수 있는 인간만이 할 수 있다.

동물들은 본능대로 살아간다. 동물들이 미래를 준비하면서 살아가지는 않는다. 하지만 우리 인간에게는 미래를 내다볼 수 있는 능력이 있다. 그래서 우리는 위의 개처럼 반응하지 않을 수도 있는 것이다.

아무런 목적도 없는 습관들로부터 벗어나기 위해서는 익숙한 것들과 결별해야만 한다. 습관적으로 익숙한 방법에 따라 반응을 계속한다면 그것은 벨소리에 복종하는 개나 다름없다. 우리는 우리의 의지로 이러한 벨소리와 단절할 수 있다. 아니 단절해야만 한다. 세상은 우리들이 생각하는 것처럼 쉽지 않다. 그저 익숙한 대로, 조건화된 반응대로 살아도 성공을 선사

하는 그런 쉬운 세상이 아니다. 성공적인 삶을 살기 위해서는, 변화의 시대에 살아남기 위해서는 익숙하지 않은 것들과 친해져야만 한다. 변화의 물결에 리듬을 타야 한다.

일전에 '2003 경영관련학회 통합 학술대회'가 2박 3일 일정으로 강원도 용평 리조트에서 열린 적이 있었다. 이 행사는 '소득 2만 달러 시대를 열기 위한 기업경영의 뉴 패러다임'을 주제로 정했다. 기조 강연에서 윤석철 서울대 교수는 "1만 달러 시대의 주역이 근면한 다수였다면, 2만 달러 시대의 주역은 창조적 소수"라고 주장한 바 있다.

윤 교수는 "에너지 고갈과 노사문제 등 안팎으로 직면한 경영환경의 위기를 극복하고 기업이 존속하고 발전하기 위해서는 창조적 소수의 지속적인 탄생이 필요하다."면서 인재육성 등 인사관리의 중요성을 강조했다.

또한 "소위 창조적 소수들도 도덕적인 균형감각을 상실하거나 과거에 안주하려는 등의 '자기 함정'을 극복하려는 노력을 해야 한다."고 덧붙였다. 변화된 세상에서 중요한 것은 바로 창조성인 것이다.

그럼 창조성을 키우기 위해서는 어떻게 해야 할까? 매사에 관심을 갖고 사물을 들여다보아야 한다. 남들은 그냥 스쳐 지나갈 수 있는 의미 없는 것들에서 의미를 찾아내야 한다. 남과 다른 생각과 남과 다른 행동을 하는 것이 창의력이라고 말할 수 있다. 그러나 그것만으로는 부족하다. 그것으로 무엇인가 더 생산적이면서도 기존에 없던 '가치'를 만들어낼 수 있어야 한다. 즉, '? → !'를 만들어내야 한다.

익숙함은 편안함을 제공하는 대신 그 편안함은 우리를 일정한 틀에 가두게 된다. 그 틀은 당신의 창조성을 방해할 것이다. 새로운 아이디어를 얻기 위해서는 의식적으로라도 다른 시각으로 사물을 바라보는 눈이 필요하다. 2만 달러 시대는 '창조적 소수'가 이끈다는 것을 명심하라.

돈을 대하는 태도를 바꿔라

돈이 인생의 전부는 아니다.
하지만 돈은 행복한 가정을 지켜줄 수 있다.
모든 독립은 경제적인 독립을 전제로 한다.

우리는 돈에 대해 좀더 솔직해질 필요가 있는 것 같다. 돈이 정말 나쁜 것일까? 돈이 정말 모든 악의 근원일까? 우리의 삶이 기대만큼 만족스럽지 못하고 성공적이지 못한 것이 과연 돈 때문일까?

사실 돈 자체에는 문제가 없다. 문제는 돈에 대한 인간의 지나친 욕심이다. 다른 가치 있는 목표를 저버릴 만큼 돈만을 좇는 것이 바로 악의 근원이다. 돈은 물건과 서비스를 사기 위한 수단이며, 노동의 대가일 뿐이다. 우리는 돈을 매개체로 하여 내게 있는 것을 팔기도 하고 필요한 것을 사기도 한다. 때에 따라서는 돈이 목숨을 구하기도 한다. 옛날 물물교환 시대에는 돈이 필요 없었다. 서로가 필요한 물건들을 바꿔 썼기 때문이다.

하지만 지금은 물물교환이 물건으로 이루어지는 것이 아니라 돈이라는 화폐를 수단으로 이루어진다. 물물교환이 이루어지던 시대는 사람들이 좁은 지역에 모여 살았다. 그리고 그 지역을 벗어나지 않았다. 하지만 지금은 사람들이 전 세계에 흩어져 각국의 사람들과 관계를 맺으며 살아간다. 그래서 서로에게 필요한 물건을 물건끼리 바꾼다는 것은 불가능하다. 생활이 되지 않는다. 그래서 시대에 따라 좀더 합리적인 방법으로 생긴 수단이 돈인 것이다.

부자가 되기를 바란다면 돈에 대한 시각부터 바꿔야 한다. 점점 돈의 가치는 중요해진다. 돈 얘기를 하면 물질만능주의자쯤으로 치부해버리는 사람들이 있다. 돈의 중요성을 얘기하는 것뿐인데도 돈이 인생의 전부라고 말하는 줄 착각하는가보다. 사실 그렇게 얘기하는 그 사람도 돈에서 자유로울 수는 없을 것이다.

그러나 우리는 돈을 알아야 한다. 돈에 대해 적극적으로 사고해야 한다. 돈은 나를 바라보는 시각을 변화시키며, 다른 사람이 나를 바라보는 시각도 변화시킨다. 또한 돈은 분명 자유를 의미하기도 한다.

물론 우리는 돈만을 추구하게 되면 행복하지 않다. 그렇다고 인생의 의미만을 추구하는 것도 행복하지 않다. 우리가 살아가는 데는 그 두 가지가 모두 다 필요한 것이다.

돈의 문제는 철학이나 삶의 다른 문제와 마찬가지로 흑백 논리로 단순히 옳고 그름을 따질 수 없다. 따라서 분별 있고 절제된 자세로 돈에 다가가야 한다. 돈도 천대하면 오지 않는 다. 돈도 자기를 좋아하는 사람에게 오게 되어 있다.

돈은 개성의 표현을 가능하게 해주며, 서로에게 더 많은 시간을 낼 수 있도록 도와준다. 돈 때문에 싸우지 않아도 되므로 더욱 조화로운 인간관계를 만들어갈 수도 있다. 실제로 돈은 삶을 보다 편안하고 안락하게 만들어준다. 피곤하고 지칠 때 휴식을 주기도 하며, 우리의 올바른 정신과 재능을 계발하는 데 필요한 시간과 자원을 제공해주기도 한다.

그래서 돈이 부족하면 우리의 삶은 불편하고 힘들어질 수 있다. 우선 삶을 살아가는 데 있어 선택의 폭과 자유가 제한된다. 내 뜻과는 상관없이 하기 싫은 일을 하기 싫은 시간에 해야 한다. 게다가 다음 끼니를 걱정하거나 갚아야 할 돈이 있는 사람이 숭고한 이상과 가치 있는 목표를 추구하기란 결코 쉬운 일이 아니다.

돈은 우리의 삶에서 없어서는 안 될 일부분이다. 하지만 돈이 삶의 목적이 되고 존재 이유가 되어버린 사람에게는 의미 있는 삶을 살아갈 수 있는 기회마저 사라지고 말 것이다. 영국의 철학자 프랜시스 베이컨이 "돈은 훌륭한 하인이지만, 나쁜 주인이기도 하다"라고 남긴 것은 바로 돈의 그런 측면을 두고 한 말이다.

살아가는 데 있어서 경제적인 독립은 매우 중요하다. 경제적인 독립이 안 되면 내 몸뿐만 아니라, 내 생각까지 구속당한다. 우리 사회에 지금 만연하고 있는 이혼 문제만을 봐도 그렇다. 예전에 이혼의 주된 사유가 성격차이였다면, 요즘 이혼의 주된 사유는 경제적인 이유가 대부분을 차지하고 있다. 특히 이혼 문제에 있어서 망설이는 여자들의 대부분은 경제적인 독립이 되어 있지 않아서일 때가 많다.

물론 이혼이 좋은 것은 아니다. 하지만 정말 억울할 때, 자기의 인생을 다시 살고 싶을 때 당신은 어느 부분에서 가장 비겁해지는지 아는가? 당신은 어느 부분에서 가장 주눅이 드는지 생각해보았는가? 심지어 정말 죽기보다 살기 싫어도 남편이 벌어주는 돈 때문에 노예처럼 살아가는 사람도 있다. 물론 내가 이혼을 추구하는 사람은 결코 아니다. 나 역시 행복한 결혼 생활을 유지하기를 바라는 사람 중 하나이다.

하지만 누구든지 그게 남자이든 여자이든 치사하고 비굴하게 사는 것에는 분노가 생긴다. 돈을 번다는 이유로 상대방을 함부로 대한다든지, 아니면 돈을 못 번다는 이유로 상대방 눈치만을 보면서 살아가는 사람들 말이다.

돈 때문에 인간 구실을 못 하는 사람들이 이 세상에는 너무도 많다. 그래도 돈이 중요하지 않단 말인가! 돈은 어쩌면 필요악과 같은 존재일 것이다.

나는 결혼해서도 한동안 부모님으로부터 돈을 받아 쓴 대표적인 사람이다. 물론 편하고 좋다. 하지만 점점 그 편안함에 길들여지는 나 자신이 무서워졌다. 우리는 편안함에 길들여질

수록 노력을 하지 않고 현실에 안주하려는 습성이 있기 때문이다.

나는 내가 추구하는 삶을 살아가고 싶었고, 진정 내 방식대로 삶을 이끌고 싶었다. 하지만 늘 부족한 돈은 나를 그렇게 놔두질 않았다. 부모님께 돈을 타서 쓰면 부모님의 생각에 따라 살아야 하는 경우가 많다. 내 주장을 펼 수 없게 된다.

그래서 어느 순간부터 나는 나를 길들이기 시작했다. 혼자 설 수 있는 유일한 길은 스스로 돈을 벌어 경제적인 독립을 하는 것이다. 하지만 그렇게 중요한 돈도 인생에 있어서는 목적이 아니고 수단이어야 한다. 돈이 아무리 좋아도 그것 자체가 목적이 된다면 그 인생은 돈의 노예가 되어 파멸로 치닫게 될 것이다. 여기 단적인 예로 돈을 목적으로 생각하면서 돈만 좇다가 이혼한 경우가 있다.

댄은 대학을 졸업하자 부친이 경영하는 부동산 회사에서 일하기로 했다. 당시 그는 갓 결혼했으며 그해에 아내가 아이를 출산할 예정이었기 때문에 가족을 위하여 경제적으로 성공하고 싶었다.

그는 사람들과 대화하는 능력이 뛰어났으므로 부동산업에서 큰돈을 벌 것이라 다짐했다. 여러분이 댄에게 왜 부동산 업계에 뛰어들었느냐고 묻는다 해도 그는 사람들을 좋아해서라거나 일이 즐거워서가 아니라 큰돈을 벌기 위해서라고 대답했을 것이다. 처음부터 그의 목적은 돈을 버는 것이었다.

여러분 가운데 부동산 업계에 종사하고 있는 사람은 자신의 사업을 궤도에 올려놓는 데 얼마나 많은 시간이 걸리는지 잘 알 것이다. 이 업계의 사람들은 다른 사람들이 일을 할 때 일하지 않는다. 야간이나 주말처럼 다른 사람들이 쉬고 있을 때 일을 한다.

댄 역시 얼마 지나지 않아 자신의 사업이 번창하면서 가족들과 보내는 시간이 줄어들었다. 그는 딸과 함께 지내기 위한 약간의 시간은 확보했지만 부인의 경우는 사정이 달랐다. 그녀는 보통 사람들처럼 낮에 근무했기 때문에 댄과 함께 지내는 시간이 별로 없었다. 이에 대해 부인이 함께 지내는 시간이 적다고 불평을 해도 할 말이 없었다. 단지 "조금만 더 기다려 줘, 이제 막 돈을 벌기 시작했으니까 경제적으로 안정이 되면 함께 지낼 수 있는 시간이 많아질 거야."라고 말하곤 했다.

그렇게 몇 해 동안 일하면서 댄은 "성공을 위해서는 희생을 감수해야 한다."는 아버지의 말을 되새기고 있었다. 또한 부자가 되겠다는 꿈을 절대로 포기하지 말라던 한 친구의 말을 의지로 삼고 있었다. 그런가 하면 자신의 목표를 달성하기 위하여 가족과의 엄청난 불화를 극복했다는 사람들의 이야기를 그대로 믿고 따랐다.

댄은 10년 동안 그렇게 살았다. 그사이에 아버지의 사업을 물려받아서 연간 30만 달러가 넘는 소득을 올릴 수 있게 되었다. 그는 일주일에 평균 70시간 동안 일했으며, 가족들과 집에서 저녁식사를 하는 경우는 거의 없었다. 10년이라는 긴 세월 동안 자기 아이들의 학교 행사에는 고작 다섯 번 참여했다. 그의 유일한 변명이라곤 자신의 목표에 주력해야 한다는 다짐뿐이었다.

그런 댄이 자신의 사업을 맡기기 위하여 사무실 책임자를 채용하게 되었다. 그날은 바로 댄이 자신의 목표를 달성했다고 판단한 날이었다. 그리고 그는 그 소식을 부인에게 알리기 위하여 집으로 달려갔다. 마침내 그는 경제적으로 독립하겠다는 자신의 목표가 달성되었기 때문에 부인과 더 많은 시간을 보낼 수 있는 입장이 되었다. 그러나 그의 부인은 바로 그날 댄에게 이혼을 요구했다.

제니퍼 화이트의 「*Work Less, Make More*」라는 책에 나온 내용이다.

외국의 경우이기에 우리나라의 사정과는 조금 다를 수 있다. 하지만 크게 다르지 않을 것이다. 살아가면서 돈은 정말 중요하다. 그런데 처음에는 그런 의도가 아니었더라도 나중에 돈의 노예가 되어 돈을 위해서는 무엇이든 하게 되는 것이 문제다.

많은 돈을 버는 것만이 언제나 올바른 해답은 아니다. 돈을 버는 것은 우리 인생의 일부분일 뿐이다. 돈이 중요하다고 해서 그것이 인생의 전부가 될 수 없다. 우리가 바라는 것은 나의 가치와 정체성을 희생하지 않고 인간관계를 희생하지 않고 돈을 버는 것이다. 어쩌면 불가능하게 들릴지도 모른다.

하지만 분명한 것은 돈만 좇아서는 많은 돈을 벌지도 못할 뿐더러, 주위 인심을 잃는다는 사실이다. 그래서는 행복할 수 없다. 우리가 돈을 버는 궁극적인 이유 역시 행복해지기 위해서이다.

또한 돈이란 쓰지 않으면 아무런 가치가 없다. 수백억 원이 금고에 있어도 사용하지 않는 돈은 남의 통장에 들어 있는 것이나 마찬가지로 나와는 무관하다. 돈은 오로지 사용할 때 그 가치가 빛난다. 만약 돈 버는 데에만 정신이 팔려 있다면 다시 생각해볼 일이다. 돈은 쓰기 위해 버는 것이다. 당신은 많은 돈을 벌게 된다면 어디에 가장 쓰고 싶은가?

돈을 좇아서 돈을 버는 사람들은 자기 삶의 다른 부분을 망쳐버리는 경우가 많다. 부자는 나쁜 사람들이 아니다. 성경에서도 부자가 되라고 말하고 있다.

성경에는 이런 이야기가 나온다. 어떤 부자가 세 노예에게 각각 금화 열 냥, 닷 냥, 한 냥을 맡기고 여행을 떠났다. 얼마후 여행에서 돌아온 부자는 노예들에게 그 돈을 어떻게 불렸는지를 묻는다. 열 냥을 받았던 노예는 그동안 그 돈을 두 배로 불려놓았다. 부자는 그를 칭찬하고 책임이 무거운 자리를 보상으로 내주었다. 닷 냥을 받았던 노예 역시 두 배로 만들어놓았고 부자는 그에 합당한 칭찬과 보상을 해주었다.

하지만 한 냥을 받은 노예는 모험심이 부족해 금화를 땅에 묻어두었다. 그의 목표는 단지 돈을 잃지 않는 것이었다. 그 이야기를 들은 부자 주인은 조심성 많은 노예를 나쁘고 게으른 놈이라고 욕했다. 그리고 금화 한 냥을 뺏으며 이렇게 말했다.

"악하고 게으른 종아. 나는 심지 않은 데서 거두고 헤치지 않은 데서 모으는 줄로 네가 알았느냐. 그러면 네가 마땅히 내 돈을 취리하는 자들에게나 두었다가 나로 돌아와서 내 본전과 변리를 받게 할 것이니라."

그리고 또 이렇게 말했다.

"그에게서 그 한 달란트를 빼앗아 열 달란트 가진 자에게 주어라. 무릇 있는 자는 받아 풍족하게 되고 없는 자는 그 있는 것까지 빼앗기리라. 이 무익한 종을 바깥 어두운 데로 내어 쫓으라. 거기서 슬피 울며 이를 갊이 있으리라."

부는 신도 원하는 것이다. 성경에 기록된 위대한 인물들은 대부분이 부자였다. 가난이 고결함을 의미하지는 않는다. 다른 사람에게 베풀 수 있으려면 먼저 나 자신이 가져야 하는 것이다.

어떤 이들에게 가난은 충분히 죄악이 된다고 한다. 자식들이 줄줄이 달린 부모에게 있어서 가난이란 자신의 목을 옭아매는 동아줄이다. 가난은 사람의 꿈도, 희망도, 목숨도 앗아갈 수 있는 무서운 상황임을 우리는 깨달아야 한다. 어찌 보면 돈이 중요하다고 했다가 또 돈이 중요하지 않다고 말하는 것처럼 들릴 수도 있다. 하지만 핵심은 '돈은 목적이 아니고 수단일 뿐'이라는 것이다.

자기가 가진 돈이 아무리 많아도 스스로 만족하지 않으면 부자가 아니다. 그런 사람은 그 돈으로 절대 자신의 삶을 즐기지 못한다. 그저 돈에 눈이 먼, 돈의 노예일 뿐이다.

김세영의 「사랑해, 사랑해」에 보면 이런 말이 나온다.

어린이들이 아름답고 행복한 건 돈을 모르기 때문입니다. 많은 어른들이 불행하게 사는 것 역시 돈을 모르기 때문입니다. 무조건 많이 벌기 이전에 돈이 무엇인지 확실하게 알아야 아름다운 삶을 설계할 수 있습니다.

문제는 돈이 아니다. 정말 문제는 돈을 바라보는, 그 돈을 대하는 당신의 태도이다.

돈을 모으는 것은 바늘로 땅을 파는 것과 같다.
돈을 쓰는 것은 모래에 스며드는 물과 같다

– 일본 속담

자신만의 고유성을 찾아라

나만의 색깔을 찾아라

우리는 불행하게도 지금까지 자기만의 고유한 색깔을 가지도록 교육받은 적이 거의 없다. 오히려 자기만의 색깔이 있는 사람은 항상 요주의 인물 취급을 당했다. 그것이 바로 학교교육이 가져온 폐해다. 한 사람이 여러 명을 가르쳐야 되기 때문에 획일적일 수밖에 없다.

교육은 매우 중요하다. 어떤 교육을 받고 자랐느냐에 따라 한 사람의 인생에 커다란 획이 그어지기 때문이다. 사실 인생교육의 대부분은 학교가 아닌 학교 밖에서 이루어진다. 교육은 일종의 세뇌다. 한 번 머릿속에 입력이 되면 쉽게 바뀌지 않는 것이 교육의 특징이다.

그래서 우리는 일부러 좋은 강의도 찾아다니고, 훌륭한 책도 찾아보게 되는 것이다. 일단 학교를 졸업하고 나면 아무도 당신에게 교육을 시켜주지 않는다. 강요하지도 않는다. 그 순간부터는 그저 모든 것이 자신의 선택이다. 그 선택은 당신의 책임마저 요구한다. 묘하게도 아무것도 선택하지 않는 것 역시 자신의 선택인 것이다.

자기만의 색은 자기만이 만들 수 있으며 지키는 것 또한 자기만이 지킬 수 있다. "모난 돌이 정 맞는다."는 말이 있다. 그런데 요즘은 시대의 흐름에 따라 그 말이 이렇게 바뀌었다. "모나서 정을 맞을 정도는 되어야 다른 사람의 관심을 끌 수 있다고……." 바로 이것이 요즘 얘기하는 접속권을 따내는 사람 아닐까?

사람들은 왜 자기만의 색을 갖지 않는 걸까? 왜 자기만의 색을 나타내기를 꺼려할까? 그것은 두려움 때문이다. 누구에게나 자기만의 색깔은 있지만 두려움으로 인해 자신의 색을 내놓기가 무서운 것이다.

하지만 그와 같은 두려움은 인간이라면 누구에게나 있다. 아무리 자신감 있고 위대한 사람일지라도 두려움은 누구에게나 존재한다. 그런데 그 두려움을 없애는 가장 쉬운 방법이 무언지 아는가? 그것은 바로 그 두려움에 뛰어들어 자신을 노출시키는 것이다. 다른 말로 하면 자기만의 색을 자신 있게 내놓을 수 있을 때 두려움도 서서히 줄어든다는 것이다.

대부분의 사람들은 자기의 고유색은 가슴속 깊은 곳에 숨겨둔 채 무색으로 살아간다. 그러다가 파란색을 만나면 파란색 행세를 하고, 노란색을 만나면 노란색 행세를 한다. 다른 타인의 색에 자신을 묻어버리는 행동을 하게 되는 것이다. 이유는 간단하다. 그 방법이 쉽기 때문이며, 문제를 일으키지 않기 때문이다. 물론 그렇게 하면 순간적인 두려움은 없앨 수 있다. 하지만 그렇다고 원래의 두려움이 없어지는 것은 아니다. 그렇게 하면 할수록 원래 자신의 두려움은 눈덩이처럼 점점 더 커지게 된다.

마치 감기에 걸렸을 때 약을 먹으면 감기가 나은 것 같은 착각을 일으키는 것과 같다. 감기에 안 걸리기 위해서는 내 몸을 강하게 만드는 것이 무엇보다 중요하다. 그리고 언제나 치료보다는 예방이 우선되어야 한다. 내 몸을 강하게 만드는 것! 그것은 바로 자기만의 색깔을 가지는 것이다.

그렇다고 자기 색만을 고집하면서 남의 색을 부정하라는 말이 아니다. 공감과 동정은 다르다. 다른 사람의 감정을 마치 자신의 감정인 것처럼 느낄 수 있으며, 그들의 눈으로 세상을 보고 그들의 시각을 공유할 수 있는 것, 모든 사람이 내리는 선택에 반드시 찬성하지는 않더라도 이해하는 것. 이것이야말로 진정한 '공감'이다.

그렇다고 당신이 모든 사람의 시각에 동의한다는 뜻은 아니다. 모든 사람의 어려운 상황에 꼭 연민을 느끼는 것도 아니다. 그것은 공감이 아니라 '동정'이기 때문이다. 타인의 색을 공감하고 인정하는 것과 내가 그 색에 동화되는 것과는 다르다.

그런데 이상한 일은 자기만의 색깔이 분명한 사람이 그렇지 않은 사람에 비해 오히려 타인의 색깔을 인정하고 존중해주는 능력이 뛰어나다는 사실이다. 내것이 소중한 만큼 남의 것도 소중히 생각할 수 있는 여유로움이 있기 때문이다.

인간에게는 누구에게나 자기만의 색이 있다. 그것을 감추면서 사는 사람은 가짜 인생을 사는 것이다. 가짜 인생은 당신에게 가짜의 즐거움밖에는 줄 수 없다. 진짜 행복, 진짜 인생을 원한다면 자신의 색을 찾고 그 색을 사랑하라.

물감에는 여러 종류의 색들이 있다. 우리는 그 중 두 가지의 색을 섞어서 또 다른 새로운 색을 만들어내기도 한다. 그 색에는 또 다른 아름다움이 있다. 그 아름다움의 색을 만들어낼 수 있는 기본은 바로 두 색이 자기만의 고유색을 간직했기 때문이다.

옛날에 한 부자를 위해 물을 길어다주는 일을 하는 여인네가 있었다. 그녀는 긴 막대기 양쪽 끝에 커다란 항아리 두 개를 매달고 물을 길어 나르고 있었다. 그런데 한쪽 항아리는 완전했으나 다른 쪽 항아리는 금이 가 있었다. 그녀는 매일 우물에 가서 항아리에 물을 가득 채워 주인집까지 날랐다. 그러나 오는 도중에 금이 간 항아리 쪽이 새서 주인집에 돌아왔을 때는 늘 절반으로 줄어 있었다. 몇 년이 흘러 어느 날 깨진 항아리가 아낙네에게 비참한 목소리로 하소연했다.

"정말이지 창피해 죽겠어요. 아주머니는 몇 년 동안이나 내 안에 물을 가득 담아서 날라 왔는데 주인님 집에 도착했을 때는 늘 절반으로 물이 줄어 있었어요. 아주머니는 두 항아리에 물을 담아왔는데 저는 저쪽 항아리의 절반밖에는 물을 가져오지 못했어요. 제구실을 다하지 못하는 저 자신이 너무 부끄러워요."

물 긷는 아낙네는 금이 간 항아리에게 기운을 내라고 말하고 다음번에 우물에 갈 때는 길 가장자리에 있는 꽃을 보라고 말했다. 금이 간 항아리는 아낙네가 말한 대로 길가에 나란히 피어 있는 아름다운 꽃들을 주의해서 살펴보았다. 그리고 아주머니에게 꽃이 너무나 아름답다고 말하며 이렇게 덧붙였다.

"꽃이 참 아름답군요. 하지만 저 꽃들도 항아리의 절반밖에 물을 길어다주지 못하는 나에게는 조금도 위로가 되지 않네요."

"하지만 길의 반대쪽을 보려무나."

물 긷는 아낙네가 말했다. 금이 간 항아리는 그쪽을 보았으나 거기에는 꽃이라고는 찾아볼 수 없었다.

"너도 보았지?"

아낙네가 계속 말했다.

"나는 너에게서 물이 새는 것을 알고 길 저쪽에다가 꽃씨를 심었단다. 매일 네가 꽃들에게 물을 준 덕택에 아름다운 꽃들이 자라났고, 나는 그것을 꺾어다가 주인님의 식탁에 신선한 꽃을 꽂아드릴 수가 있었단다. 만일 너에게서 물이 새지 않았다면 주인님은 저 아름다운 꽃들을 집 안에서 볼 수 없었을 거야."

내가 거부하는 그것이 사실은 나를 규정짓게 된다. 바닷물이 파란 것은 바다가 다른 색을 다 흡수하지만 파란색만은 거부하기 때문이다. 노란 꽃도 마찬가지로 다른 모든 색은 다 받아들이지만 노란색만은 받아들이지 못해 노란 꽃이 된 것이다. 자신이 거부하는 그것이 아이러니컬하게도 자신을 규정짓게 되는 꼴이다.

우리는 누구나 자신에게 불만스럽고 남들에게는 없는데 자신만이 가졌다고 생각하는 콤플렉스가 있다. 위의 금이 간 항아리처럼 말이다. 자신의 색을 찾아야 한다. 남의 색만 부러워하지 말고 이제부터라도 자신의 색이 얼마나 아름다운지 찾아내는 것이 중요하다.

우리는 모두 나름대로 자신만의 재능을 타고난다. 나의 재능을 발견하고 활용하는 것이 평생의 임무라는 것을 알고 지금 자신에게서 불만스러운 부분을 다시 한 번 확인해보라. 왜냐하면 그것이 자신의 타고난 재능인지도 모르기 때문이다.

내 안의 보물을 찾아라

지금 하고 있는 일이, 아니면 당신의 전공이 본인의 내면의 소리를 못 듣도록 방해하고 있는 것은 아닌가? 예를 들어, 대학에서 경제학을 전공했다면, 같은 전공으로 석사, 박사, 그리고 그와 관련된 직업으로 곧바로 연결될 때 오로지 그 사람을 그 분야의 실력자라 생각하는 것은 아닌가? 물론 실력자인 것은 맞다.

하지만 뒤늦게 깨달은 탓에 내가 정말 원하는 부분을 공부하지 못했더라도 그리 큰 문제는 아니다. 학문이란 모두 다 연관성이 있기 때문에 오히려 한 가지 공부만 한 사람보다 더 넓은 시야를 가질 수 있는 계기도 되기 때문이다.

과학은 철학과 연결되어 있으며, 철학은 수학과 연결되어 있다. 이제는 주위를 바라보는 우리들의 시선이 바뀌어야 한다. 얼마든지 정말 본인이 원하는 것을 찾기만 한다면, 즉 자신의 강점을 뒤늦게라도 발견하기만 한다면 그 분야의 대단한 전공을 한 사람보다도 더 튼튼하고 내실 있는 성공을 할 수 있다.

오히려 전공을 하지 않았기 때문에 그 부족함을 채우기 위해 더 많은 노력과 더 많은 고민과 더 많은 책을 읽게 되는 이점도 있다. 게다가 어느 틀에 묶여 있지 않기 때문에 더 넓은 시야를 가질 수 있다. 덤으로 우리는 그 속에서 스스로 겸손도 배우게 된다.

우리는 어느 특정한 분야에서 하나가 뛰어나다고 그 사람을 성공했다고 말하진 않는다. 그 사람은 전문인은 될 수 있지만 성공한 사람은 아니다. 만약 회사의 오너라면 그 회사의 매출이 높다고 그 사람을 성공한 사람이라고 말할 수 있을까? 진정 성공한 사람인지를 확인하려면 그 오너가 직원들을 어떤 마음으로 대하는지 아는 것이 더 중요하다.

우리가 살아가는 데 있어서는 남들이 인정해주는 객관적인 성공도 중요하다. 예를 든다면, 돈이 많으면 남들은 나를 성공한 사람이라고 부른다. 명예가 있으면 남들은 나를 성공한 사람이라 부른다. 멋진 자동차를 타고 큰 저택에서 살고 있으면 남들은 나를 성공한 사람이라 부른다.

하지만 한 차원 높은 성공을 꿈꾼다면 남들이 인정해주는 객관적인 성공에다가 주관적인 성공을 더해야 한다. 주관적인 성공이란 바로 '자신이 느끼는 만족'이며, 자신의 일 속에서 '자신만의 소명'을 발견하는 경우를 말한다. 내가 하는 일 속에서 만족하지 못하면 객관적으로 커다란 성공을 이루었다 하더라도 반쪽짜리 성공일 수밖에 없다. 우리는 한 차원 높은 성공을 꿈꿔야 한다.

지금부터라도 자신만이 지닌 재능을 찾아 자신의 강점으로 만들어나간다면 당신의 나이가 어떻든지, 상황이 어떻든지 당신은 분명 기존의 성공방식과는 다른, 한 차원 높은 성공을 하게 될 것이다. 그 시간은 당신이 생각하는 것처럼 그리 길지 않다. 외적인 성공을 원하는가? 그리고 스스로가 만족하는 내적인 성공도 함께 원하는가? 그렇다면 자신의 재능을 찾아야 한다. 자신만의 고유한 색깔을 찾아야 한다. 당신조차도 알 수 없었던 그 재능이 당신 안에 숨겨져 있다.

우리가 초등학교 시절에 소풍 가서 보물찾기 했던 장면을 상상해보라. 보물을 찾으러 다닐 때는 분명 어딘가에 보물이 숨겨져 있다는 믿음을 갖고 출발하게 된다. 그렇기에 필사적으로 찾으러 다니게 된다. 보물이 아무 데도 없을 거라는 의심스런 마음으로는 절대 찾을 수 없다. 필사적으로 움직이지 않게 될 테니까. 우리의 인생도 마찬가지다. 먼저 자신 안에 보물이 있다는 것을 믿어라. 그래야 전력을 다해 찾게 된다. 그리고 이 명언을 꼭 기억하라.

다르게 변한다면 더 나아질 것인지 나는 모른다. 그러나 더 나아져야 한다면 달라져야 한다는 것은 알고 있다!
— 게오르그 크리스토프 리히텐베르크(물리학자)

세상은 우리가 마음먹는 순간 바뀐다

한 번쯤은 들어봤을 얘기일 것이다. 어느 날 나치스에 의해 젊고 유능한 한 유대인 외과의사가 아우슈비츠에 수용됐다. 그는 가스실과 실험실을 향해 죽음의 행진을 하고 있는 동족들의 행렬을 보면서 머지않아 자기 자신도 가스실의 제물이 될 것이라는 사실을 어렴풋이 직감했다.

어느 날 노동 시간에 이 젊은 외과의사는 흙 속에 파묻힌 유리병 조각을 몰래 바지 주머니에 숨겨 가지고 돌아왔다. 그리고 그날부터 그는 매일 그 유리병 조각의 날카로운 파편으로 면도를 했다. 동족들이 차츰 희망을 버리고 죽음을 기다리며 두려움에 떠는 동안, 그는 독백하듯 이렇게 중얼거렸다.

"희망을 버리지 않으면 언젠가는 좋은 날이 올 것이다."

그는 죽음의 극한 상황 속에서 아침과 저녁 꼭 두 번씩 면도를 했다. 오후가 되면 나치스들이 문을 밀치고 들어와 일렬로 선 유대인들 중에서 그날의 처형자들을 골라냈다. 하지만 유리 조각을 가지고 피가 날 정도로 파랗게 면도를 한 외과의사는 차마 가스실로 보내지 못했다.

왜냐하면 그는 잘 면도된 파란 턱 때문에 삶의 의지가 넘치고 아주 쓸모 있는 사람이라는 인상을 주었던 것이다. 그와 같은 인상은 나치스들에게 그를 죽이는 것은 아직 이르다고 생각하게끔 만들었다. 많은 동족들이 가스실로 보내질 때마다 그는 자신의 비망록에 이렇게 썼다.

고통 속에서 죽음을 택하는 것은 가장 쉽고 나태한 방법이다. 죽음은 그리 서두를 것이 못 된다. 희망을 버리지 않는 사람은 반드시 구원을 받는다.

그 외과의사는 결국 나치스가 완전히 패망할 때까지 살아남았다. 살아서 아우슈비츠를 떠날 때 그는 이렇게 독백했다.

가스실로 떠난 동족들은 한 번 죽는 것으로 족했다. 그러나 난 살아남기 위해 매일 죽지 않으면 안 되었다.

이 외과의사는 모든 가시적인 자유를 박탈당하고 질병, 고

문, 죽음의 위험 속에서도 이전에는 결코 맛보지 못했던 깊은 자유를 발견할 수 있었다고 한다. 어떻게 그럴 수 있었을까? 진정한 자유란 어디로 달아나는 것이 아니라 고통과 맞서서 이기는 자에게 주어지는 것이기 때문이다. 참혹하기 이를 데 없는 상황 속에서도 이 외과의사는 이러한 진리를 발견했던 것이다. 덕분에 인생의 외적인 조건이 얼마나 악화되었든지 간에 그는 생각과 마음가짐의 자유를 소유할 수 있었다.

우리에게 원하는 대로 생각할 수 있는 자유가 있다는 것은 명백한 진리임이 틀림없다. 그래서 우리 자신의 생각과 마음 가짐에 책임을 지고 있는 것이다. 우리는 얼마든지 마음가짐을 바꿀 수 있고, 그럼으로써 인생의 경험까지도 바꿔놓을 수 있다. 그것이 바로 자유다. 이 세상 어느 누구도 우리의 생각과 마음가짐을 통제할 수는 없는 것이다.

이 외과의사가 바로 실존 분석적 정신요법인 로고테라피(logotherapy)를 창안한 빅터 프랭클이다.

사람들은 모두 자유를 그리워합니다.
자유인, 자유의 세상
자유는 사람들의 꿈입니다.

그러나 사람들은 자유의 뜻을 모릅니다.
자유의 얼굴을 모릅니다.
그래서 자유를 찾지 못합니다.

자유의 자(自)는 스스로 자입니다.
자유의 유(由)는 말미암을 유입니다.
'말미암'이란 원인, 과정, 결과입니다.

모든 일의 원인, 과정, 결과는 모두
스스로 책임질 때 자유입니다.
남의 탓을 안 할 때 자유입니다.

스스로 할 때 자유인입니다.
시켜야 할 때 어린이입니다.
욕먹고 할 때 노예인입니다.

스스로 생각하고 행동하여
그 모든 결과를 책임질 때
그는 최고의 스승입니다.

스스로 할 때 — 그때 성공합니다.

　　　　　　　　　　　　　　　 — 박해조, 「자유」

스스로를 싸구려로 취급하지 마라

우리나라에서 영화 「쉬리」의 한석규 하면 대표적인 영화배
우로 손꼽힌다. 연예 기자들이 쓴 기사에 따르면 한석규는 출

연료 외에도 관객 동원수에 따른 인센티브를 받도록 계약을 맺어 엄청난 수익을 거두었다고 한다. 게다가 한석규가 출연한 CF까지 합치면 연간 수입이 수십억 원대에 이른다며 이렇게 한 사람이 돈을 쓸어가는 것은 불공평하다는 말까지 나왔던 모양이다.

하지만 이것은 20세기의 낡은 사고방식이다. 안타깝지만 현실은 이렇게 '최고가 모든 것을 갖는 구조'로 진행되어간다. 이제 전 세계 최고 경영자들의 수입은 점점 더 많아지고 있다. 우리는 우리가 바꿀 수 없는 세상의 변화를 원망하기보다는 오히려 한석규라는 한 영화배우가 이렇게 되기까지 그가 기울였던 피나는 노력에 주목해야 한다.

푸근하게 감겨오는 목소리, 부드러운 이미지와는 달리 영화배우 한석규는 한 번 결심하면 어떻게든 해내고야 마는 독한 면이 있다고 한다. 지금 그가 한국을 대표할 만한 배우가 된 데에는 고달픈 무명 시절 갈고닦은 그 독한 면에 힘입은 바가 크다.

맨 처음 그에게 주어진 배역은 가마꾼 네 명 중 한 명이었다. 하지만 그는 "무슨 배역이든 열심히 하면 언젠가는 나도 주인공이 될 수 있겠지." 하며 실망하지 않고 이를 악물었다. 야산에서 가마를 들고 뛰는 일은 이만저만 힘든 것이 아니었다. 가마 무게 자체가 너무 어마어마한데다 사람까지 타고 있으니 숨이 턱에 차고 온몸에는 땀이 비오듯 했다. 촬영을 마치고 밥을 먹을 땐 수저를 들 힘조차 없었다고 한다.

그 뒤에도 그에게 주어진 배역은 오랫동안 계속해서 단역 뿐이었다. 하지만 그는 극중에서 단 한 마디의 대사라도 주어지면 며칠 동안 궁리하고 연습하기를 게을리하지 않았다고 한다.

한 번은 그에게 웨이터 역할이 주어졌는데, 주어진 대사는 "뭘 드시겠습니까?" 그 단 한 마디였다. 그 대사를 몇 번이나 곱씹다가 그는 직접 웨이터의 행동과 말씨를 관찰하기 위해 술집에 갔다. 그리고 웨이터의 목소리, 손놀림을 유심히 보기 위해 시도때도 없이 웨이터를 불렀다. "물 한 잔만 갖다줘요." "냅킨 좀 주시겠어요?" 등등 술과 안주는 조금 시켜놓고 남모르는 꿍꿍이로 심부름만 시켜대며 그 대사를 수도 없이 연습했다고 한다.

그는 이렇듯 작은 배역 하나도 소홀히 하지 않고 연습에 연습을 거듭한 결과 마침내 오늘날의 대배우가 된 것이다. 이렇듯 그는 "자기 자신에게는 가을 서리처럼 차갑게 하고 타인에게는 봄바람처럼 부드럽게 하라"는 옛 성현의 말씀을 떠올리게 만드는 사람이 되었다.

자신의 값어치를 올리고 잘 관리하고 있는 점, 그것은 배우로서의 생명을 연장시키는 데 매우 중요한 역할을 한다. 자신을 마구 굴리지 않음으로써 싸구려로 만들고 있지 않은 셈이다.

과연 이것이 배우에게만 해당되는 얘기일까? 인생의 끝에서 분명 우리는 우리 자신을 평가하는 날이 온다. 만약 지금이 순간 최선을 다하지 않는다면 훗날 나에게 후한 점수를 주지 못할 것이다. 우리가 이 세상에 태어나서 한평생을 살아가면서 얼마만큼 행복했고, 얼마만큼 가치 있게 살았는지는 분명 심판받게 되어 있다. 그때 내 자식과 내 주위 사람들에게 난 이렇게 살았노라고 당당하고 자신 있게 말할 수 있을까?

물론 내가 어떻게 살든지 아무도 나를 탓할 사람은 없다. 다만 자기 자신을 싸구려로 만들지 않기 위해서는 타인이 아닌 자신의 심판을 가장 무서워해야 한다. 자신을 최상급 명품으로 만들어낼 사람은 오로지 당신 자신뿐이다.

요즘 많은 경영자들은 회사에 쓸 만한 인재가 없다고 한탄한다. 반면 직장인들은 몸담을 만한 직장이 없다고 한다. 평생고용이니 평생직장이니 하는 말들은 이미 옛말이 되었다. 실력을 갖춘 인재가 자신을 알아주는 직장을 찾아 자유롭게 옮겨 다니는 '신유목민 사회'에 우리는 살고 있다.

여기서 쓸 만한 인재라는 것이 꼭 명문대를 졸업한 학점 좋은 모범생을 얘기하는 것이 아니라는 것은 이제는 누구나 다 아는 얘기일 것이다. 회사를 다녀도 항상 그만둘 준비를 하면서 일해야 한다. 또 회사는 언제고 필요 없는 사원은 해고할 준비를 해야 한다. 이것은 배신이 아니다. 그렇지 않으면 서로가 죽는다.

자신은 걸어다니는 상품이다. 좋은 상품이라야 시장에서 높은 가격에 팔릴 수 있듯이, 나라는 상품도 고급화해서 기업과 다른 사람의 관심을 끌 수 있도록 끊임없이 노력해야 한다. 그리고 경쟁하기 위해 누군가와 비교를 하려면 나보다 '조금' 나은 사람과는 비교하지 마라. 그 분야에서 '최고'인 사람과 비교하라. 그래야 발전이 있다.

지금 자신의 모습에 안주하지 말고 10년 후 자신의 모습을 염두에 두고 자기만의 인생 지도를 만들어보자. 또한 성공한 사람들은 자기 자신이 할 수 있는 일들을 게을리하지 않고 꾸준히 해나간 사람들이라는 것을 안다면 오늘부터 자신의 영역에서 모든 일에 최선을 다하자. 어느덧 그 분야의 전문가가 되어 있는 자신을 발견할 수 있을 것이다. 전문성이란 그리 획득하기 어려운 것만은 아니다. 자신이 좋아하는 일을 찾아 그곳에 3년에서 5년 정도 집중해서 파고들면 평범한 당신도 전문가가 될 수 있다.

중요한 것은 그 분야의 학위가 아니라 그 분야를 얼마만큼 좋아하며 얼마만큼 파고들 수 있느냐는 것이다. 전문성을 갖춘 인재는 회사가 어려워 명예퇴직을 당하더라도 쉽게 다음 직장을 찾을 수 있다.

21세기 디지털 시대의 인재라면 상관과 조직에 충성하기 위해 일하는 것이 아니라 개인의 경력 관리를 위해서 일해야 한다. 요즘은 자신의 성공이 조직의 성공이라는 쌍방향의 문화 속에서 개인이 기업의 성장과 경쟁력을 결정하는 핵심요소로 부각되고 있다. '어느 회사의 누구'가 아닌 '누가 있는 어느 회사'라는 말을 듣도록 하라. 단순히 월급만을 기다리는 샐러리맨이 아닌 스페셜리스트로서 주인의식을 갖는다면 자신의 브랜드 가치는 차곡차곡 쌓여갈 것이다.

21세기형 새로운 인재는 자신을 위해서, 자신의 브랜드 네임을 위해서 경력을 쌓는 사람이다. 그들에게는 '어디서 일하느냐'가 아니라 '무엇을 하느냐'가 더 중요하다. 스스로에게 물어보자. 나는 얼마짜리 상품인지.

나의 상품 가치를 높이기 위한 핵심적인 키워드는 자신감과 적극성이다. 당장은 실력이 모자라도 적극적인 사람은 발전 가능성이 있다. 자기 자신을 세일즈하는 것은 하루아침에 이루어지는 것이 아니다. 자신을 최상품으로 만들 수 있는 사람은 오직 자기 자신밖에는 없다. 무언가 항상 바쁘게 뛰는 사람이라고 해서 결코 능력 있는 사람은 아니다. 무슨 일에, 어떤 목적으로 뛰는가가 훨씬 중요하다.

올해는 작년보다 무엇이 나아졌는지, 어떻게 변화에 성공할 수 있었는지 늘 검토해보는 자기 점검이 필요하다. 자신의 보잘것없는 학력이나 직장경력은 문제가 되지 않을 것이다. 우리는 자신을 파악한 후 끊임없이 노력하면 누구나 인정받는 핵심 인재가 될 수 있다는 사실을 알아야 한다.

한 마리의 독수리가 하늘 높이 날고 싶다면, 떨어질 각오를 하고 몇 번이든 나는 연습을 해야 한다. 그렇지 않으면 아무리 하늘의 황제 독수리라 할지라도 곧 땅 위를 기어다닐 수밖에 없을 것이다.

'성공은 오직 노력한 자만의 것'이라는 진리를 가슴속에 새기자.

자신의 고유한 속성을 살려라

어느 날 흥미 있는 TV 프로그램을 보게 되었다. 프로그램의 결론은 우리의 생태보존을 위해서 동물들을 보호해야 한다는 말로 요약할 수 있다. 동물원의 좁은 공간에서 온도와 계절이 맞지 않아 죽어간 고릴라 이야기. 적합하지 않은 환경에서 그로 인한 스트레스로 생긴 이상현상으로 괴로워하면서 먹은 것을 토해내고 또다시 그걸 먹고 있는 몇몇 동물들. 습성을 전혀 고려하지 않은 환경 속에서 비만이 되어가는 동물들. 야생의 습성을 지닌 동물임에도 불구하고 한 번 뛰면 바로 벽에 부딪칠 정도로 작은 공간에서 길들여져가는 고양이. 그래서 그저 어슬렁거리면서 다닐 수밖에 없는 동물들이 점점 많아지고 있다.

유럽불곰의 경우도 거의 움직이지를 않았다. 사람들이 주는 먹이에 길들여져 굳이 먹이를 찾으러 움직일 필요가 없는 것이다. 보다 인상적이었던 장면은 갓 태어난 원숭이 새끼의 생명이 위험해 사육사가 어미와 격리시켜서 돌봐주는데 이 원숭이 새끼는 사육사 아저씨를 엄마로 생각하면서 품에 안기고, 뽀뽀하는 장면이었다. 그 모습을 보면서 '정말 인간과 다를 바가 없구나!' 하는 느낌이 들었다. 아니 오히려 인간보다 더 가슴 저린 애정에 저절로 감동되었다.

이런 사실들을 동물원에 온 관람객들에게 알리기 위해 열심히 설명하고 있는 사육사 아저씨가 무척 인상 깊었다. 그는 새끼 원숭이를 안고 있었는데, 그 원숭이를 마치 자식같이 돌보고 있었다. 그 아저씨는 새끼 원숭이가 제구실을 할 동안 혼자 놔두고 가기가 마음이 아파서 집에도 들어가지 않고 그곳에서 같이 머물면서 같이 먹고, 같이 장난치며 지내고 있다는 것이었다.

사실 사육사 아저씨는 한참 전에 퇴임을 한 분이었다. 하지만 늘 아저씨의 음식을 받아먹던 동물들이 다른 사람이 주는 음식을 먹지 않아서 할 수 없이 그분이 다시 나오게 되었다고 한다. 동물들의 충성심이 우리 인간하고는 비교할 수 없을 정도로 꿋꿋하지 않은가?

야생동물은 어느 정도 그에 맞는 습성을 고려한 공간을 제공해야 한다는 것이 전문가들의 입장이다. 초등학교 교과서는 그 동물들이 가지고 있는 야생의 습성에 대해 다룰 것이다. 그리고 우리는 그 동물들을 직접 보기 위해 동물원에 간다. 아이들은 그 동물이 지니고 있는 습성을 생각하면서 산교육을 받게 되는 것이다.

하지만 좁은 공간에서 그들의 원래 습성은 없어진다. 그렇게 그 공간 크기에 맞게 길들여지는 동물들을 보면서 안타까운 마음을 금할 수가 없었다. 사회에 길들여져가는 우리 인간의 모습과 어쩌면 이렇게도 똑같은지 모르겠다. 아마도 몇 대만 내려가면 나에게 그런 야생의 습성조차 있었는지도 모르는 멸종위기의 동물도 생길 것이다. '나에게 꿈이라는 것이 있었나?' 하는 우리들처럼 말이다.

여러 동물 중에는 추위에 못 견디는 동물도 있고, 또 더위를 못 견디는 동물도 있다. 아무리 사람들에게 보여주는 즐거움도 중요하지만 그 동물이 지닌 고유의 습성을 무시해서는 안 된다. 그들도 생명이 있는 동물이다. 이 모든 환경이 고려되지 않아서 죽어간다면 이것은 우리의 책임이 아닐 수가 없다. 그런 동물의 멸종은 우리 생태계를 파괴한다. 결국 그 피해는 우리 인간에게로 다시 오게 될 것이다.

우리 인간도 좁은 공간에 오래 가둬두면 히스테리를 일으킨다. 그리고 인간의 기본 습성을 무시하면 살아갈 수 없다. 아마도 너무 오랜 시간을 좁은 감옥에서 있다 나온 사람들이 사회 적응을 하지 못하고 결국 폐인이 되는 경우가 이런 이유 때문이 아닐까 생각해본다.

모든 인간에게는 개개인의 개성과 그 사람만의 장점이 있다. 그것을 찾아내 살려주었을 때 그 사람이 가장 빛나게 된다. 그때 비로소 이 세상은 살 만한 곳이 되고 그 속에서 살아가는 의미를 찾게 된다. 동물도 자기가 갖고 있는 고유의 습성에 맞는 환경이 제공되었을 때 건강하게 살 수 있다.

사람도, 동물도 각각이 지니고 있는 본래의 고유함이 있다. 그것을 찾는 것이 우리의 임무이며 권리이다. 만약 그것을 고려하지 않고 살게 되면 동물이 자기의 습성을 알지 못해 이상한 행동을 하며 죽어간 것처럼 우리 개개인도 정신적으로 사망선고를 받게 된다는 것을 잊지 말아야겠다.

자신의 본래 모습을 찾는 것이 자기계발이다

한 친구가 언젠가 내게 "너는 좀 현실적이 아니다."라고 말한 적이 있었다. 그때 나는 그 친구에게 "만약 내가 네가 생각하는 것처럼 현실적이었다면 책도 쓰지 못했을 것이며, 이런 일을 하지도 못했을 것이다. 도대체 현실적이란 것이 무엇을 의미하는가?"라고 되물었다.

과연 현실적이라는 말은 무슨 뜻을 내포하고 있는 걸까? 그것은 세상사람 다수가 생각하는 대로 따르고, 그 다수의 생각에서 벗어나지 않음을 의미한다. 그래서 조금만 다르게 생각하거나 일상의 궤도를 이탈하는 사람을 보면 현실적이지 못하다고 말한다. 그리고 돈벌이에 있어서도 당장 눈에 보이는 일이 아니면 현실적이지 않다고 말을 한다.

그러나 그런 '현실' 속에는 보상은 있을지언정 동기는 없다. 우리는 보상을 받는 데 필요한 만큼만 행하려 하지 그 안일한 보상으로 인해 가장 먼저 질식당하는 우리의 창의력, 호기심, 행위에서 오는 순수한 즐거움들에 대해서는 생각하지 않는다. 보상만을 생각한다면 우리의 능력은 점점 감소되고, 내면적인 외침에는 귀 기울이지 않게 된다. 결국 그러다가 자신의 인생을 살아가는 것이 아니라 보상하는 자의 인생을 살아가는 것에 익숙해지게 된다.

더 정확히 얘기하면 결정을 자신이 아닌 타인에게 위임하게 된다는 것이다. 언제나 남의 발자국을 밟으며 가는 사람은 자신의 발자국은 남기지 못한다. 다른 사람들이 행한 것을 하면 최소한 틀릴 염려는 없으며, 남들이 한 대로 한다면 안심은 될 것이다. 하지만 그 속에는 고유한 내것이 없다.

예전에 홈페이지를 만들었다고 안부도 물을 겸해서 일산에 사는 친구에게 전화를 한 적이 있었다. 그 친구가 말하기를 "너는 변화를 추구하면서 사는구나!"라고 했다. 대부분의 내 나이 또래 친구들은 작년이나 지금이나 변한 것이 없다. 아마 내년에도 마찬가지일 것이다. 무슨 재미로 사는지 모르겠다.

새로움에 대한 기대도, 스릴도, 기쁨도 없는, 어제가 오늘 같고 오늘이 내일 같은 그저 그렇고 그런 밋밋한 삶! 사회적으로 얘기하는 안정은 있을지언정 자유는 없는 사람들이다. 남편 그늘 안에서, 아이들 속에서 편안한 삶을 누리는 것이 꽤 괜찮은 자유쯤으로 알고 있는 사람들이다. 그러나 이들에게는 자기는 없고 주위만 있을 뿐이다.

얘기의 주제도 나 이외의 것들이다. 남편, 자식, 시댁, 이웃, 그리고 가구들! 그들은 주로 타인에 의해 결정되는 삶을 사는 사람들이다. 최선보다는 안전한 차선을 선택하는 사람들이다. 어쩌면 알면서도 자유 속의 책임이 두려워 일부러 선택을 안 하는 건지도 모른다. 그러면서 언제나 자신이 할 수 없는 이유와 핑계를 만드는 데는 선수들이다.

당신의 기준은 누구인가? 아직도 다른 사람들인가? 만약 기준이 다른 사람들이라면 당신은 언제나 흔들릴 수밖에 없다. 그건 나보다 잘난 사람이나 못난 사람, 나보다 키가 작은 사람이나 키가 큰 사람들은 어디에나 존재하기 때문이다. 나보다 잘난 사람을 만나면 기가 죽을 것이고, 나보다 못난 사람을 만나면 우월감에 잠시 행복할지도 모르겠다. 그러나 그 속에 결코 영원한 행복은 없다.

언제나 기준은 '자기 자신'이어야 한다. 과거보다 나은 현재의 모습을 바라보면서 당신은 행복해질 수 있다. 지금보다 나아질 미래를 꿈꾸면서 당신은 가슴 부푼 희망을 안고 살아갈 수 있게 된다.

당신이 추구하는 이상은 무엇인가? 이상을 추구하기 위한 끊임없는 도전이야말로 나를 지치지 않게 만들며, 세상을 헤쳐 나갈 수 있게 만드는 가장 큰 원동력이다. 남들의 평판보다는 자신만의 스타일을 찾는 것이 무엇보다도 중요하다. '살아갈 날은 너무 길고 할 일은 너무 없다는 사실을 몸소 느껴야 한다. 호기심의 상실이야말로 노년의 특징임을 깨달아야 한다. 몸은 20대인데 정신은 50대인 사람이 아닌, 몸은 50대일지라도 정신은 20대의 나이를 유지할 수 있어야 한다. 세월이 지나면서 정신과 마음까지 함께 노화되고 진부해진다면 우리는 정말 쓸모없는 사람이 되고 말 것이다.

벤저민 프랭클린이 말하기를 "많은 사람들은 25세에 죽지만 65세까지는 땅에 묻히지 않는다."고 했다. 젊음과 늙음의 기준은 몸의 노화, 나이의 노화가 아니다. 바로 '꿈이 있느냐, 없느냐'이다. 나이 드는 것이 무서운 것이 아니라 '의욕상실'을 가장 무서워해야 할 것이다.

의욕을 상실하지 않기 위해 우리가 할 수 있는 유일한 방법은 끊임없이 자기 자신에 대해 투자하는 것이다. 이 세상에서 가장 중요하고 가장 가치 있는 사람은 바로 '나'이며, 나에 대한 최상의 조언자 역시 바로 '나'이다.

자기계발이란 어려운 것이 아니다. 그저 자신의 본래 모습을 찾기 위한 한 과정일 뿐이다. 우리는 매일같이 움직인다. 움직임은 살아 있다는 증거이다. 살아 있는 사람이 되라. 그러기 위해서는 끊임없이 자신에게 투자하는 사람이 되어야 한다.

행동은 빠르게, 흐트러짐은 없게

내가 있어야 할 Position은?

내가 미국에 있을 때 겪은 일이다. 같은 타운 내에 유학생 S씨가 살고 있었다. 나하고는 가까이 지냈던 사이가 아니었기 때문에 겨우 얼굴 정도만 아는 사이였다. 그런데 어느 날 그 유학생 S씨에게 정말 상상도 하기 싫은 무서운 사고가 일어났다. 그만 교통사고로 죽은 것이다.

우리는 학교 기숙사에 살았기 때문에 학교와 아주 가까이서 살았다. 그리고 그 주위에 있는 길들은 깜깜한 밤길에 나간다고 해도 찾아갈 수 있을 정도로 익숙한 길이었다. 그 길 가운데는 언덕길처럼 약간 비스듬히 내려오는 도로가 있었다. S

씨에게도 그 도로는 아주 익숙한 도로였을 것이다. 바로 그 도로에서 사고가 난 것이다. S씨의 차는 도로 옆의 난간을 들이받았고, 형체도 알 수 없을 정도로 차와 사람이 망가졌다. 사고 시각은 밤 12시쯤으로 기억된다. 그때 그의 아내는 둘째 아이를 임신한 상태였다.

워낙 술과 사람을 좋아하던 S씨는 한국에서 온 유명한 어느 운동선수가 함께한 자리에 초대를 받아 잠깐 나갔던 모양이다. 그날따라 유독 아내가 밤늦게 나가는 걸 말렸지만 S씨는 듣지 않았다. 그의 아내가 왜 말렸는지 나는 알 수 있다. 원래 술 좋아하는 사람들, 친구 좋아하는 사람들은 그런 자리를 마다하지 않는다. 물론 나도 그런 모임을 싫어하지는 않는다. 하지만 무엇보다도 중요하고 소중한 것은 나의 가족이다. 그 사실을 늘 염두에 두었어야 했다. S씨의 경우는 그걸 방심한 나머지 생긴 사고라 할 수 있을 것이다.

아내들은 자기 남편이 술 먹고 늦게 들어오는 것도 좋아하지 않지만, 무엇보다도 술 먹고 자동차 운전하는 것을 더 걱정할 때가 많다. 그런 의미에서 음주 운전을 철저히 단속하는 요즘 우리나라의 추세는 반가운 일이 아닐 수 없다. 나도 몇 번 음주측정기를 불어본 적이 있다. 음주 운전은 자기 혼자만 죽는 것이 아니라 멀쩡한 다른 사람까지 죽음으로 몰고 간다. 어쨌든 그 아내도 내심 그것이 걱정되었으리라.

내가 살았던 곳은 워낙 비가 많이 오는 곳이었다. 봄, 여름은 날씨가 좋은데 가을, 겨울이 되면 보슬비가 자주 내렸다.

그래서 대부분의 사람들은 우산도 쓰지 않고 그냥 비를 맞고 다녔다. 그날도 그렇게 부슬부슬 비가 내리는 날이었다. 아내는 안 들어오는 남편이 걱정되어 같이 나갔다는 사람에게 새벽 4시쯤 전화해보고 남편의 소식을 수소문했다. 가슴 졸이며 이곳저곳에 전화를 하다 알게 된 사실은 S씨가 술을 마시고 운전하다가 난간을 들이받아 즉사했다는 것이었다.

미국에서는 죽은 사람에게 예쁘게 화장(化粧)을 시킨다. 생전의 가장 예쁜 모습을 다른 사람들이 볼 수 있도록 그렇게 한단다. 그런데 도저히 형체도 알 수 없을 정도로 망가진 S씨는 그런 화장조차 할 수 없었다. 화장 대신 화장(火葬)을 해야만 했다. 그리고 그 아내는 한 달 뒤 둘째 아이를 낳았다. 아무도 없는 이국땅에서, 남편만 믿고 무작정 따라온 이국땅에서 그렇게 자신의 인생이 완전히 뒤바뀐 것이다.

도저히 만삭인 부인에게 그 처참함을 보여줄 수가 없어 한국에서 동생이 S씨의 시신을 확인하기 위해 왔다고 들었다. 그리고 화장(火葬)한 S씨의 시신은 김포공항에서 그 S씨의 부모님이 받아보게 되었다. 자식 잘되라고 남보다 더 많은 돈과 더 많은 공을 들여 외국 유학을 보냈을 것이다. 하지만 돌아온 것은 박사학위를 받은 자랑스런 아들의 모습이 아니라 한 줌의 재였다. 그 부모는 아마 이런 후회를 했을 것이다. "내가 아들을 죽였어. 내 책임이야. 만약 유학을 보내지 않았더라면 내 아들을 죽이지 않았을 텐데……." 하고 말이다.

나도 미국에서 두 아이를 낳고 키웠지만 미국은 분만할 때 남편이 같이 들어가서 보게 되어 있다. 그때 남편의 힘이 얼마나 도움이 되는지, 그 감동이 어떤 건지는 경험해보지 않은 사람은 모를 것이다. 둘이서 좋아해 아이를 가진 것처럼, 낳는 것도 둘이 함께 한다. 아내는 남편의 손을 잡고 아이를 낳는다. 그렇게 함께 살아가야 하는 것이 부부라는 생각을 하게 되면 그 부인의 심정이 헤아려지다 못해 죽은 S씨에 대한 분노마저 생긴다.

나는 원인을 술이라고 생각하지 않는다. 술을 좋아할 수는 있다. 그리고 사람을 좋아할 수도 있다. 그것이 문제가 아니다. 문제는 '책임감'이라고 생각한다. 책임감이 있는 사람이라면 택시를 탔어야 했다. 음주 운전은 절대 하지 말아야 했다. 결혼은 책임이다. 아이를 낳는 것도 책임이다. 그런 책임이 부담스러워 외면하고 싶다면 결혼도, 아이를 낳아서도 안 된다. 요즘 무책임한 부모 때문에 버려진 아이들이 얼마나 많은가!

우리는 평소에 여러 일들을 하고, 또 여러 사람들을 만난다. 하지만 책임질 행동과 말은 하지 않으려고 하는 사람들이 대부분이다. 책임지지 않아도 될 바로 그 직전까지만 말을 하고 행동을 한다. 어떨 때는 야비하다는 생각마저 든다.

인간관계에서도 예외는 아닐 것이다. 친구를 사귈 때도 마찬가지다. 우리는 매사가 사람들과 연결되어 있다. 혼자일 때보다는 결혼한 사람의 책임감이 더 큰 것이다. 백수보다는 앞서가는 경제인의 책임이 더 크며, 거지보다는 변호사가, 의사가 더 책임이 크다. 높은 직위로 올라갈수록 우리에게는 더 많은 책임감이 요구된다.

보험업계의 회오리바람을 일으킨 삼성생명 지점장 이채석 씨는 자신의 인생을 바꿔놓은 한 여인과의 만남을 다음과 같이 기억한다.

그날도 그는 두 아이를 둔 어느 병원의 수간호사와 상담을 하고 있었다. 그녀는 상담하는 내내 남편의 이야기는 일절 하지 않고 본인만 보험에 들겠다고 고집을 피웠다. 그때는 한창 생명보험은 가족 전체를 위한 것이었기 때문에 가족과 함께 상담하는 게 좋다는 교육을 받은 때라, 이채석 씨도 "남편분과 함께 들지 않으시면 저도 상담하지 않겠습니다."라고 했다. 어떻게 보면 라이프 플래너에겐 한 사람이라도 계약을 하는 게 더 이로울 수 있지만 아무것도 몰랐던 그때에는 어느 정도의 사명감은 있었던 모양이다. 그런데 잠시 후에 그 아주머니가 갑자기 울음을 터뜨리면서 사실은 남편이 죽었으며, 뱃속에 8개월 된 아이가 있다고 했다. 남편의 죽음을 겪고 난 뒤 자신도 언제 죽을지 모르겠다는 생각이 들었다며 아이들이 마음 놓고 공부할 수 있도록 최소한의 버팀목을 마련하고 싶다는 거였다. 그때 그는 갑자기 무언가 머리를 '쾅' 하고 치는 느낌이 들었다고 한다. 그제야 처음으로 생명보험이 왜 필요한지를 가슴깊이 느낄 수 있었다는 것이다. '아, 나는 보험 정신을 가슴에 담아두지 못한 채 마음에서 우러나오지 않는 상품을 팔고 있었구나. 지금까지 나는 그저 밥벌레나 사기꾼에 불과했구나' 하는 생각이 들었다고 했다.

그날 이후 그의 보험 인생은 완전히 바뀌었다고 한다. 그 수간호사의 만남을 계기로 그는 일보다는 삶에 미치는 사람이 되었고 'What'이 아닌 'How'를 좇아 결과보다는 과정에 의미를 두게 되었단다.

사람에겐 누구나 인생의 터닝 포인트가 찾아온다. 어느 날 아침 복권에 당첨되어 벼락부자가 될 수도 있고, 밤사이 해골에 고인 썩은 물을 마시고 이치를 깨달을 수도 있다. 그 어떤 경우에도 우리는 무슨 일을 하든지 책임감 있게 살아야 한다. 자신의 소명을 갖고 살아야 한다. 사랑을 할 때도, 일을 할 때도, 그리고 인간관계에 있어서도. 그저 이래도 한 세상, 저래도 한 세상이 아닌, 나만의 세상을 주도적으로 꾸려나갈 수 있어야 하는 것이다.

목표는 우선 순위다

우리 주위에는 중요하지 않은 일들이 너무나도 많이 널려 있다. 그래서 그 일들만 하기에도 바쁜 게 우리들의 일상이다. 예를 들어 집안일만 보더라도 그렇다. 하기 시작하면 한도 끝도 없는 것이 집안일이다. 청소, 빨래는 접어두고라도 널려져 있는 옷가지며, 보다 놓은 신문들, 치울 것이 한두 개가 아니다. 또 쓸데없는 전화와 예기치 않은 현관 벨소리 등.

하지만 신경을 쓰지 않으면 너무도 조용하고 귀한 하루가 될 수도 있다. 모두 나가고 혼자 있을 때는 여유로움 속에서 마시는 커피 한잔의 즐거움을 만끽할 수 있는 시간이다. 시간은 소유하는 것이 아니다. 시간이란 무엇이 당신에게 중요한지 우선 순위를 정하라고 요구할 뿐이다.

우리는 언제나 우리에게 정말 중요하다고 생각하는 것들을 할 수 있는 시간을 가지고 있다. 시간이 없다는 말은 그 일이 우리에게 그리 중요하지 않다는 뜻이나 마찬가지다. 우선 순위에서 다른 것에 밀려난 것이다. 지금 하는 일이 바빠서 목표를 설정할 수 없다면 평생을 가도 목표는 세울 수 없다.

하지만 목표를 정해놓고 나면 내가 정해놓은 목표뿐만 아니라 지금까지 해오던 나머지 일도 덩달아 잘 해치울 수 있다. 의아스럽겠지만 그것이 사실이다. 목표를 명확하게 정하고 나서 돌아보면, 우리가 평상시에 아무 생각 없이 해온 일들 중 상당수는 굳이 지금처럼 하지 않아도 그리 문제가 되지 않음을 알게 된다. 그것이 중요한 일들이 아니었음을 깨닫게 되는 것이다.

목표는 나의 시야를 한 방향으로 모아주는 힘이 있다. 예를 들어, 우리가 자동차를 사기 위한 목표를 세웠다고 가정해보자. 그때부터 내 시야에는 온통 자동차만 들어온다. 분명 그 전에도 있었던 자동차들인데 유난히 많은 종류의 차들이 있다는 것에 새삼 놀라게 될 것이다. 옷을 사려고 해도, 신발을 사려고 해도 마찬가지이다.

만약 "장사를 시작해볼까?"라는 목표를 세웠다면 신문을 봐도 창업 면과 그 일에 관련된 기사들이 제일 먼저 눈에 들어울 것이다. 매일같이 보던 똑같은 신문인데도 말이다. 하지만 목표가 없으면 이런 현상은 일어나지 않는다. 먼저 자신을 파악하고 그런 다음 목표를 세워 몇 달만이라도 그렇게 지내보라. 그러면 놀라울 정도로 그 목표에 합당한 책, 신문 내용, 주위 모든 것들이 그 목표에 도움 되는 것들도 가득 찰 것이다. 그 이유는 간단하다. 내가 바라보는 시야가 한쪽 분야로 집중되기 때문이다.

그렇게 3년, 5년, 10년을 지내면 바로 그것이 전문성이 된다. 전문성을 키우는 것은 어렵지 않다. 전문성을 키우는 것이 어렵게 느껴지는 이유는 내가 능력이 없기 때문이 아니라 목표가 없기 때문이다. 목표가 없으면 집중할 수가 없다. 그렇다고 아무 목표나 설정해놓고 그 일만 무작정 한다고 해서 누구에게나 전문성이 길러지는 것은 아니다.

성공을 원한다면 집중해야 한다. 집중을 위해서는 선택이 필요하다. 선택이란 하나를 제외한 나머지를 버리는 과정이다. 선택과 집중을 어떻게 하느냐에 따라 그 사람의 삶이 결정된다 해도 과언이 아니다. 물론 시간이 지나면서 집중의 목표물이 바뀔 수는 있다. 하지만 처음부터 두 가지 이상을 선택해서는 집중할 수 없다.

그 분야를 잘 몰라도, 그 분야의 공부를 많이 못 했어도 자신의 재능을 찾아낸 다음 그쪽에 관한 목표를 세우고 3년, 5년을 집중적으로 투자해보라. 분명 당신은 그 분야의 전문가가 되어 있을 것이며, 당신의 인생 또한 달라져 있을 것이다.

즐거움과 행복한 나날들이 당신을 기쁘게 맞이해줄 것이다. 철없던 시절에, 젊은 시절에 자신이 해온 일들에 너무 얽매이지 마라. 그때는 그저 남들이 간 길을 이유도 모른 채 따라가기도 바쁜 시절이었다. 그렇기 때문에 정말 자신이 원하는 것이 무엇인지를 모르는 상태에서 지낼 수밖에 없었을 것이다. 물론 그때부터 자신이 원하는 방향대로 걸어온 사람도 있을 것이다. 하지만 우리 주위에는 그리 흔하지 않은 현상이다. 우리나라 교육이 그것을 허락지 않았기 때문이다. 하지만 그런 시절이 있었기에 당신은 지금 더 열심일 수 있는 것이다. 더 집중할 수 있는 것이다.

먼저 자신을 믿어라. 자신이 자기 스스로를 믿지 못하면 아무도 당신을 믿어줄 사람은 없다. 자신조차도 믿지 못하는 사람과 무슨 일을 하겠는가! 사람의 뇌는 내가 생각하고 바라는 대로 움직인다. 머릿속의 구조가 그렇게 생겼다. 내가 실패할 거라 생각하면 내 머리는 실패하는 쪽으로 프로그램이 실행되고, 내가 성공할 거라고 생각하면 또 성공하는 방향으로 실행이 된다.

정상에 오른 스포츠맨 중 한 사람인 새미 두발(라이트급 역도 세계 챔피언이자 세계 기록 보유자)의 말을 인용해보면 이렇다.

눈을 들여다보면 우승자를 추측하기란 매우 쉽다. 그는 감격과 확신, 단호함, '나는 지기를 거부한다'는 뜻의 특별

한 시선을 가지고 있다. 그것은 자신이 처한 상황에 대한 고려에서 나온 것이 아니라, 자신의 내부 깊숙한 곳에서 스스로가 발견한 능력이다.

우승자는 첫 시작부터 알 수 있다. 패배자 역시 그럴 것이다. 지금 시작해도 늦지 않다. 우리에게 편안하게 주어지는 시간은 없다. 시간은 내가 만들어가는 것이기 때문이다. 당신의 재능을 찾아내 그에 합당한 목표를 설정하라.

나는 한 놈만 패.
— 영화 「주유소 습격 사건」의 무대포 (유오성 분)

문제를 회피하지 마라

나에게도 물론 인생의 고 3 시절이 있었다. 난 그 시간들을 몸소 부딪쳤다. 피해 가지 않고 정면으로 대결했다. 인생의 문제란 피해 간다고 없어지는 것이 아니다. 피해 가면 그 순간은 편하고 고통스럽지 않은 것처럼 보이지만, 결국 눈덩이처럼 부풀려져서 다시 내게로 돌아오게 된다. 문제를 문제로 받아들이고 거기서 오는 고통을 감싸안을 수 있을 때 그때에야 비로소 문제의 해결점이 보이기 시작한다.

문제를 악화시키지 않기 위해서는 삶의 문제들을 그때그때 해결해나가는 것 이외에는 별다른 방도가 없다. 오로지 이것은 내 문제이고, 이를 해결하는 것은 내게 달렸다고 말할 때에만 그 문제를 해결할 수 있는 것이다.

그런데 대개의 사람들은 "이 문제는 다른 사람들, 혹은 내가 조정할 수 없는 사회적 상황 때문에 생긴 것이므로, 다른 사람들이나 사회가 나를 위해 이 문제를 해결해주어야 한다. 이것은 정말로 나 개인의 문제가 아니다."라고 말함으로써 자기 문제로 인한 고통을 회피하려고 한다.

정신과 의사인 M. 스캇 펙(M. Scott Peck) 박사가 겪었던 환자 한 명을 소개할까 한다. 오키나와에 주둔했던 한 직업군인은 지나친 음주 문제로 진단과 치료를 받고자 그를 찾아왔다. 그 군인은 자신이 알코올 중독자라는 것을 부인할 뿐만 아니라 술 마시는 것이 자신의 문제라는 것도 부인했다.

"오키나와에서 저녁에 할 수 있는 일은 술 마시는 일 이외에 아무것도 없습니다."

"독서를 좋아하십니까?"

"그렇고말고요. 독서, 참 좋아하지요."

"그럼 왜 술 마시는 대신에 저녁에 독서를 하지 않습니까?"

"영내에서 독서를 하기에는 주위가 너무 시끄러워서요."

"그러면 왜 도서관에 가지 않습니까?"

"도서관은 너무 멀어서요."

"도서관이 술집보다 더 멀리 있습니까?"

"글쎄, 사실 저는 책을 많이 읽지 않습니다. 책 읽는 데는 취미가 없거든요."

"낚시를 좋아하십니까?"

"그럼요, 낚시를 좋아하지요."

"그런데 왜 술 대신 낚시를 하지 않습니까?"

"하루 종일 일을 해야 하는걸요."

"밤에 낚시하러 갈 수 있잖아요."

"아니죠, 오키나와엔 밤에 낚시할 만한 곳이 없지요."

"밤낚시 모임이 몇 군데 있는 것으로 아는데요. 제가 그 사람들을 소개해드릴까요?"

"뭐, 그다지 낚시를 좋아하는 것도 아닌데요. 뭘."

이때 박사는 분명히 따져 말했다.

"당신 말에 의하면 오키나와에서 술 마시는 일 이외에 다른 할 일이 없어서가 아니라, 있기는 있는데 다 하기 싫고, 당신이 제일 즐기는 일은 술 마시는 일이라는 거죠?"

"네, 그런 것 같아요."

"그럼 술이 문제군요. 이제 진짜 문제가 무엇인가를 직면하게 되었군요. 그렇죠?"

이 의사와 환자의 대화 속에서 우리는 무엇을 알 수 있는가? 환자는 자기의 문제를 정확히 바라보지 못하고 문제를 책임지는 것을 피하려고만 하고 있다. 정작 가려운 곳은 놔두고 나머지 몸을 아무리 긁는다 해도 가려움증이 가시지는 않는다. 고통이 따르더라도, 찾기 힘들더라도 우리는 정확한 문제가 발생한 바로 그곳을 찾아내야 된다.

인생의 목적을 찾는 일은 길고도 어렵지만 그 노력은 가치 있는 일이며 그 노력에 대한 보상은 정말 어마어마하다. 난 이 인생의 고 3이 인생의 목적을 찾는 데 많은 도움을 주리라 확신한다. 난 누구에게든지 이때를 피해 가지 말라고 권한다. 문제를 해결하기 위해서는, 먼저 나의 문제가 무엇인지를 알아야 한다. 그 문제를 알아가는 과정에 생기는 고통은 피할 수 없는 과정이다. 우리는 그 고통을 즐거워하며 감수해야 한다. 문제가 더 커지기 전에 해결해야 한다. 나중에는 정말로 손을 쓸 수 없을지도 모른다.

편안함 속에서는 아무것도 얻을 수 없다. 늘 마음속에서 갈구하고 있는 것들이 있었기에 우리는 다시 태어날 수 있는 기쁨을 누릴 수 있다. 비 온 뒤의 땅은 더 단단해지고, 고통 뒤에 오는 기쁨은 배가 되는 법이다. 내가 그동안 배운 것이 있다면 외로움을 나의 좋은 친구로 포용한 것이다. 인간은 철저히 고독할 때 유명한 작가가 탄생되고 명작이 나온다고 한다.

그게 무슨 의미인지를 이제야 알 것 같다. 삶이 고통스럽다는 것을 알게 되고 그래서 이를 이해하고 수용하게 될 때, 삶은 더 이상 고통스럽지 않다. 왜냐하면 비로소 삶의 문제에 대해 그 해답을 스스로 내릴 수 있게 되기 때문이다. 우리는 문제에 부딪쳐 해결해보려고 애쓰는 가운데 배우게 되는 것이다.

고통은 가르침을 준다. 그러므로 현명한 사람들은 문제를 두려워하지 않고 오히려 문제를 환영한다. 이 시기는 빠르면 빠를수록 좋지 않을까?

결심했으면 당장 실천하라

히말라야 산맥에 있는 카트만두라는 작은 왕국에는 '할단새'에 대한 전설이 있다. 그곳의 낮은 따뜻한 봄날 같은데, 밤이 되면 온도가 급격히 떨어진다. 이 새는 낮에는 먹잇감을 구해다 배불리 먹고 이곳저곳을 활강하며 즐겼다. 그러나 해가 지면 히말라야의 찬바람이 불고 눈발이 날리는 혹독하게 추운 밤이 찾아온다.

할단새는 독수리들과 달리 미처 집을 짓지 못하고 있었다. 깃털로 무장했어도 살을 에는 듯한 추위 앞에서는 당해낼 재간이 없었다. 이 새는 추위 속을 헤매면서 이렇게 결심을 한다. '내일은 꼭 집을 지어야겠다. 반드시!'

고통의 밤이 지났다. 그 혹독한 추위에도 잠깐 눈을 붙였던 이 새는 아침 햇살이 산등성이 너머로 내리쬐기 시작하자 문득 눈을 떴다. 춥고 어두운 밤을 지새운 이 새의 눈앞에는 아침 햇살에 빛나는 은세계가 펼쳐져 있었다. 할단새는 순식간에 자리를 박차고 날아올랐다. 은빛 세계를 활강하는 즐거움은 그 무엇에도 비할 것이 못 됐다. 집을 짓겠다는 지난밤의 굳은 결심은 그만 눈 녹듯이 사라져버리고 말았다.

하지만 밤은 곧 찾아왔다. 살갗을 파고드는 추위 속에서 이 새는 다시 결심했다. '내일은 하늘이 무너져도 반드시 집을 지어야겠다.' 하지만 아침이면 결심은 금방 잊혀지곤 했다. 그 새의 별명은 '날이 새면 집 지으리라'였다.

예전에 러시아에서는 무거운 죄를 지은 죄수들에게 특별한 벌을 주었다고 한다. 이른바 '무의미로 점철된 나날들'이라고 하는 형벌이다. 그 형벌은 아주 단순하다. 일단 죄수들을 들로 데리고 나간다. 그리고 아침부터 하루 종일 땅을 파게 만든다. 꽁꽁 얼어붙어 바위같이 단단해진 땅을 파고 있으면 죄수들의 몸은 땀으로 범벅이 된다. 저녁이 되면 감독관이 와서, 죄수들이 파놓은 흙을 다시 제자리로 메워놓으라고 지시한다. 이런 무의미한 일이 매일 반복되면 아무리 철두철미한 사상범이라 할지라도 어느 사이 정신이 풀어져버린다고 한다.

우리의 삶은 끊임없이 변화한다. 우리 몸은 일정하게 유지되고 있는 것 같지만 세포의 세계에서 보면 끊임없이 죽고 끊임없이 생성되는 과정 속에 있다. 얼마의 시간이 경과되면, 그 전에 우리 몸을 구성하고 있던 세포는 완전히 새로운 세포로 대체된다. 세상도 이처럼 끊임없이 '변화'라는 모습으로 우리를 맞이한다. 다만 우리가 우리의 생각에 빠져 새로움을 느끼지 못했을 뿐이다.

사람은 어떤 환경에 처해 있더라도 마음먹기에 따라 높은 목표에 도달할 수 있다. 하지만 어제의 결심이 오늘의 현실로 나타나지 못한다면 미래를 향한 비상은 한낱 공상에 그치고 말 것이다.

우리가 가장 조심해야 할 커다란 정신적 장애물은 '타성'이다. 타성은 자신의 안전지대에 머물면서 앞으로 나아가려는 추진력을 상실하게 만든다.

항상 스스로에게 질문하라. "내가 이 일을 했을 때 일어날 수 있는 최악의 결과는 무엇인가?" "내가 성공한다면 얻을 수 있는 가장 최고의 결과는 무엇인가?" 대부분 일어날 수 있는 최악의 결과는 별것 아닌 데 비해 거둘 수 있는 최고의 결과는 대단히 큰 경우가 많다.

성공한 사람들은 질문할 줄 아는 사람이다

나는 가난하다, 나는 못생겼다. 그리고 배운 것도 없다.

SO WHAT?(그래서 그게 뭐 어쨌다고?)

나는 명문대를 나와 외국의 석사학위와 박사학위를 가지고 있다.

SO WHAT?(그래서 그게 뭐 어쨌다고?)

나의 부모님은 돈 많고 높은 신분의 사람이다.

SO WHAT?(그래서 그게 뭐 어쨌다고?)

정작 중요한 것은 '나 자신'이다. 문제는 나의 환경이 아니라 "내가 너에게 해줄 수 있는 것이 무엇인가?"이다. "내가 직장에 들어가서 회사를 위해 무엇을 해줄 수 있는가?"가 더 중요하지, 몇 자 적은 나의 이력이 중요한 것은 아니다. 그 이력이란 것도 내가 올바로 서 있을 때 진가를 발휘하는 것이다. 이력만 대단하고 실제로 현실에서 써먹을 곳이 없는 지식이라면 아무 소용이 없기 때문이다.

좋은 부모님 밑에서 부자로 사는 것이 흉은 아니지만 그리 내세울 것도 아니다. 우리는 사람들을 대할 때 내가 가지고 있지 않은 부분에 대해서는 주눅이 들고 자신감이 없어진다. 그건 누구든지 다 그렇다. 하지만 언제, 어느 상황에서도 우리는 당당해질 필요가 있다. 무모한 것과 당당한 것은 차이가 있다.

아무것도 노력하지 않으면서 'SO WHAT?'만을 외친다면 정말 그것은 구제불능이다. 하지만 내가 나를 귀하게 여기고 가다듬고 다스리고 하루하루 나를 발전시켜나가는 사람이라면 당당해질 자격이 있다. 'SO WHAT?'을 외칠 자격이 있다. 누군가 나에게 비난의 소리를 하고 나를 책망할 때 이 말을 한 번 외쳐보자. 그러면 그전에 느끼지 못했던 자신감이 조금은 생기게 될 것이다.

좀더 당당해지기 위해서는 내가 직접 질문을 해보는 것이 좋다. 대체적으로 질문을 하는 사람이 주도권을 잡게 되는 경우가 많기 때문이다. 또한 항상 끌려다니는 대신에, 내가 주도권을 잡고 움직여줄 때 사람들은 나에게 진지한 관심을 갖는다.

우리가 하는 질문은 나의 삶을 변화시키기에 충분하다. 왜냐하면 보다 나은 질문은 보다 나은 대답을 유도할 수 있으며, 보다 나은 대답을 하면 보다 나은 해결책이 나오기 때문이다.

질문은 생각을 자극한다. 질문은 하나의 도전이고 가능성의 접속이다. 누가 봐도 당연하고 가능한 일은 아무도 물어보지 않는 법이다. 자신이 정말 긍정적인 변화를 원한다면 지혜로운 질문으로 자신의 사고를 자극해야 한다. 분명하고 독창적인 사고는 생활을 풍요롭게 해주고 세상을 개선시키는 힘을 가지고 있다.

무엇보다도 질문을 통해 소기의 목적을 달성하려면 먼저 상대방의 마음을 열 수 있어야 한다. 상대방의 마음을 여는 기본은 상대의 관심사에 대해 질문하는 것이다. 즉, 상대가 자신감을 갖고 있는 분야에 대해 질문하는 것이다. 그리고 질문을 제대로 하기 위해서는 상대방의 말을 경청해야 한다. 그렇지 않으면 상대는 마음을 열지 않기 때문이다. 질문을 하면 손해보다는 이익이 많다. 두려워하지 말고 질문을 던져라.

G. 리처드 셸은 『유리한 거래』라는 책에서 "일반 협상가들은 하지 못하지만 뛰어난 협상가들이 할 수 있는 것은 무엇인가?"라는 물음에 대해, 뛰어난 협상가는 일반 협상가보다 두 배나 더 많은 질문을 한다고 말하고 있다. 질문을 통해 우리는 상황을 통제하고 주도권을 확보할 수 있게 된다. 그것이 가능한 이유는 상대방의 사고를 유도할 수 있기 때문이다. 자신에게 유리한 방향으로 생각을 유도함으로써 주도권을 쥐는 것이다.

인생에서 성공한 사람들은 자기 자신에게 진지한 질문을 할 줄 아는 사람들이다. 우리가 던진 질문은 우리가 원하는 곳으로 우리를 데려다준다. 하지만 많은 사람들이 여전히 질문하지 않고 있다. 그 이유는 그들은 답을 얻을 수 있다는 확신이 없기 때문이다. 그리고 더 중요한 이유는 자신에게 도움이 되는 질문을 의식적으로 하지 못하기 때문이다. 그들은 자신의 능력에 대한 믿음이 없기 때문에 그것을 제대로 활용하지 못하고 이 중요한 과정을 짓밟아버리는 것이다.

나는 누구인가?
왜 나는 이렇게 살아야 하는가?
다르게 살 수는 없는가?
나는 무엇을 하고 싶은가?
진정 내가 원하는 것은 무엇인가?

이와 같은 질문을 자기 자신에게 던져보라. 그러면 당신의 마음이 대답하기 시작할 것이고, 그것은 당신이 예상치 못한 곳으로 당신을 데려다줄 것이다.

우리가 살아가는 데에 대한 양질의 해법은 질문의 강도에 비례함을 잊지 말자.

일단 저지르면 생각보다 쉽게 풀린다

누구나 성공하기를 원하며, 누구나 자신이 원하는 인생을 살기를 원한다. 그래서 누구나 머릿속으로 자신의 인생에 대해 생각하고 계획도 짜보고 한다. 그런데 머릿속으로 상상만 해서는 그 계획은 무용지물이 되기가 쉽다.

완벽한 계획이란 있을 수 없다. 생각은 늘 변하며 계획도 변할 수 있는 것이다. 나름대로의 큰 틀이 정해지면 작게라도 시작하는 것이 중요하다. 이때는 성공할 것인가, 실패할 것인가에 대해 생각하지 말고 시작하는 것이 먼저다. 머릿속으로 아무리 완벽한 계획을 구상했다 하더라도 늘 아쉬움은 남게 마련이다. 그 아쉬움 때문에 시작할 수 없다면 영원히 당신은 시작할 수 없다.

더 좋은 계획과 생각은 시작하면서 또다시 생기게 된다. 내 머릿속에 있는 완벽한 문장으로 글을 쓰는 것이 아니라, 쓰다 보면 더 좋은 문장이 생각나는 것처럼 말이다. 늘 이론과 실제는 일치하지 않는다. 바로 그 일치하지 않는 상황 속에서 우리는 더 좋은 해결책을 찾기 위해 더 많은 생각을 하게 되는 것이다. 하지만 그저 머릿속으로 하고 있는 생각이나 해결책은 더 이상 앞으로 나갈 수 없는 그림 속의 해결책인 경우가 많다.

분명 시작하면 더 많은 고민이 생기며, 생각지도 못했던 문제점에 직면하게 된다. 그렇다고 두려워할 필요는 없다. 머릿속으로 생각하는 것만큼 심각한 문제는 아니다. 시작함으로써 생기는 고민을 나는 감히 창조적인 고민이라고 말하고 싶다. 이 창조적인 고민이야말로 창조적인 발상을 이끌어내는 원동력이다. 시작했기 때문에 얻을 수 있었던 선물이다. 하지만 어떤 사람들은 그런 창조적인 발상이 떠오르기만을 간절히 바랄

뿐 아무것도 시작하지는 않는다. 하늘을 봐야 별을 딸 것이 아닌가. 시작하지 않는 이들은 아주 기초적인 진리를 잊고 사는 사람들이다.

우리 인간의 상상력과 잠재력은 정말 무궁무진하다. 전혀 나에게는 해당되지 않을 것 같은 그런 참신한 발상들이 자신의 머릿속에도 있다는 것에 놀랄 것이다. 그런 창조적인 발상을 원한다면 시작해야 한다. 시작하지 않으면서 생기는 고민과 시작하고 나서 생기는 고민은 결과에서 엄청난 차이를 가져온다.

일단 삶의 질 자체부터 달라진다. 좀더 문제의 핵심에 들어갈 수 있게 되는 것이다. 우리는 문제점이 생겼을 때 비로소 그 문제점을 해결하려는 노력을 하게 된다. 그리고 그 노력하는 자체가 우리의 머리를 녹슬지 않게 하고 창의적이고 참신한 아이디어를 창출하게 만드는 것이다.

믿어지지 않는가? 그렇다면 당신은 아직 시작하지 않았기 때문이다. 아마 무언가를 시작해본 사람은 알 것이다. 하지만 모든 사람이 이렇게 해서 성공하는 것은 아니다. 분명 실패하는 사람도 있을 것이다. 하지만 확실히 말해줄 수 있는 것은 성공한 사람들에게 이런 시작은 그들의 인생에 결코 마이너스가 되지 않았다는 것이다.

삶을 살면서 어떠한 경험도 버릴 것은 없다. 우리는 새로운 경험을 통해 한 단계 성숙할 수 있으며, 그 경험을 통해 해야 할 것과 하지 말아야 할 것을 구분할 줄 아는 지혜로운 눈을 갖게 된다. 그 눈은 선택하고 결단해야 하는 순간에 아주 유용하게 작용한다. 그런 순간의 선택을 잘하는 것이야말로 내 인생을 잘 만들어가는 것이다. 왜냐하면 우리 인생 자체가 선택의 연속이기 때문이다.

지금이라도 늦지 않았으니 자신을 뒤돌아보면서 늘 생각해오던 것이 있다면, 하고 싶었던 것이 있다면 작게라도 시작해보라. 더 많은 아이디어들이 지금부터라도 시작함으로써 생긴다는 것을 실감하게 될 것이다.

저질러라. 일을 저지르면 그 일을 수습하기 위해 우리는 방법을 찾게 되지만 저지르지 않으면 오늘도 어제와 똑같은 날이 계속됨을 명심하라.

행동하는 자들과 함께 하라

행동하는 자들과 함께 하십시오
그럼 그 속에서 당신은 행동할 수 있는 힘을 얻게 됩니다.

불평하는 사람이 되고 싶습니까?
그럼 불평하는 사람 옆으로 가십시오. 당신도 그렇게 됩니다.
비난하는 사람이 되고 싶습니까?
그럼 비난하는 사람 옆으로 가십시오. 당신도 그렇게 됩니다.

칭찬하는 사람이 되고 싶습니까?

그럼 칭찬하는 사람 옆으로 가십시오. 당신도 그렇게 됩니다.

너그러운 사람이 되고 싶습니까?

그럼 너그러운 사람 옆으로 가십시오. 당신도 그렇게 됩니다.

— 이숙영, 「당신도 그렇게 됩니다」

당신이 원하는 사람, 당신이 되고 싶은 사람이 있다면 답은 아주 간단하다. 바로 내가 되고 싶은 그 사람 옆으로 가면 저절로 그렇게 된다. 무언가의 결과물을 만들어내고 싶다면 그에 상응할 만한 '행동'이 있어야 한다. 그리고 그런 행동을 하기 위해서는 먼저 그 행동을 하고 싶을 만한 '마음의 작정'이 있어야 한다. 또 그 마음의 작정을 생기게 만들려면 그런 마음의 작정이 생길 만큼 보고 듣고 느낄 만한 '외부자극'이 있어야 한다.

그렇다면 당신은 지금 보고 듣고 느낄 만한 외부자극을 주기적으로 접하고 있는가? 또 그것이 무엇인가? 반복적으로 보고 듣고 느끼는 것은 매우 중요하다. 우리 인간에게는 망각곡선이 있어 '규칙적으로 반복해야' 생각이 난다. 어릴 적 구구단을 외웠던 때를 생각해보라. 입에서 답이 자동적으로 나올 수 있는 이유는 바로 규칙적으로 반복했기 때문이다. 반복교육의 결과인 셈이다.

그렇다면 당신은 지금 어떤 반복교육을 하고 있는가? 우리 주위에서는 긴급하고 중요한 일들이 계속해서 벌어진다. 그리고 우리의 머리에는 그런 긴급하고 중요한 일들이 계속해서 입력되기 때문에 먼저 입력되어 있는 것들은 자신도 모르는 사이에 빠져나가게 된다. 그러나 똑같은 내용을 주기적으로 여섯 번 이상 반복하면 내용의 60%는 잊어버리지 않는다고 한다.

당신이 되고 싶고, 하고 싶고, 원하는 일이 있다면 그게 내 몸에 자연스럽게 익을 때까지 잊어버리지 않도록 반복하라. 그렇게 하면 행동은 자연스럽게 나오게 된다. 그리고 바로 그 행동은 당신이 원하는 결과물을 가져다줄 것이다. 그 결과물은 생각지도 않았던 또 다른 결과물로, 더 큰 결과물로 나를 인도해주는 디딤돌이 되어줄 것이다.

이 세상은 행동하는 자의 것이다. 당신이 지금 컴퓨터 앞에 앉아서 편안하게 인터넷 검색을 할 수 있는 것도, 비행기를 타고 먼 거리를 몇 시간 만에 다녀올 수 있는 것도 모두 처음 누군가의 행동이 있었기에 가능하다. 그들의 행동이 있었기에 지금 우리가 삶을 편안하게 누리면서 살아갈 수 있다는 것을 잊지 말기 바란다.

생각에 머물러 있는 사람이 되지 말자. 인생이 허무해진다. 당신이 하고 있는 그 생각을 행동으로 옮겼을 때만이 인생에 활기가 가득 차고, 세상이 살 만해진다.

행동하는 사람들과 함께 하라.

"……하고 싶은데"라고 말하는 사람보다는 "……하겠다."
라고 말하는 사람들과 함께 하라.

"……때문에 난 못 해"라고 말하는 사람보다는 "……이래
서 난 할 수 있어……임에도 불구하고 난 해낼 거야!"라고 말
하는 사람들과 함께 하라.

웃는 사람 옆에 있으면 나도 곧 웃고 있게 되지만, 찡그리
고 있는 사람 옆에 있으면 나도 곧 찡그리게 된다. 기회는 늘
준비하고 노력하고 행동하는 자에게 주어진다는 사실을 반드
시 명심하라.

당신도 행복해질 권리가 있다

감성지수를 높여라

대부분의 사람들은 감정이란 돈으로 환산되는 것이 아니기 때문에 자신의 감정을 무시하는 경향이 있다. 그래서 외부로 드러나는 것에는 신경을 쓰는 반면, 자신의 감정에 대해서는 그리 소중하다는 생각을 하지 못한다. 하지만 '기분이 좋다, 기분이 나쁘다'라는 말은 모두 우리의 감정과 연관되어 있다. 우리가 삶에서 에너지를 얻고 에너지를 잃는 원천은 바로 이 감정이다.

우리가 돈을 주고 무언가를 사는 이유는 내가 들인 돈의 가치보다 내가 산 물건(또는 보이지 않는 감정)에서 얻는 가치가 더 크기 때문이다. 명품을 사기 위해 안달하는 것도 같은 이치다.

악착같이 돈을 벌려고 하는 것도 돈 자체가 좋아서라기보다는 돈으로 살 수 있는 우리의 행복한 감정 때문이다. 그래서 돈은 목적이 아닌 수단이 되어야 한다. 우리의 감정은 눈에 보이지 않는다. 하지만 자신은 느낄 수 있으며, 그 감정의 느낌은 다른 사람에게까지 전이되기도 한다.

많은 주부들이 아이들 과외 하나 더 시키려고, 남편 옷 하나 더 사려고 자신을 희생시킨다. 그렇게 하지 마라. 그들에게 하는 것처럼 자신에게도 투자하라. 흔쾌히 즐거운 마음으로 자신에게도 투자하라. 자신의 감정을 나 몰라라 하지 마라. 엄마도 한 인간임을 인식시켜라.

자신의 감정을 보살피지 않은 대가가 얼마나 큰지는 나중에 알게 될 것이다. 자신 안에서 징징거리는 우는 아이의 소리를 외면하지 마라. 그 소리는 당신이 나이가 들어서도 절대 없어지지 않을 것이다.

우리 주위를 보면 대부분은 여자들의 수명이 남자들보다 길다는 것을 알 수 있다. 여러 이유가 있겠지만 어떤 이유가 가장 유력할까? 한 마디로 여자의 자유로운 감정표현에 있다고 할 수 있다. 우리 속담에 "남자는 평생 세 번 눈물을 흘려야 된다."라는 옛말이 있다. 이 말은 되도록 감정을 억제해야 남자답다는 것을 뜻한다. 만약 어떤 남자가 기쁘고 좋은 일에 호들갑이라도 떨면 바로 계집애 같다며 남자는 물론 여자들의 눈총까지 감수해야 한다.

반면 여자들은 풍부한 감정을 가지고 자라도록 교육을 받아왔다. 오히려 울어야 할 장소에서 울지 않으면 '냉정한 여자'라든가 '독하다'라는 말까지 듣게 된다. 물론 안 좋은 의미로 말이다. 하지만 그런 과정을 통해 여자들은 남자들에 비해 기쁨과 슬픔을 보다 잘 표현할 줄 알게 되었다.

어쨌든 남자들은 자신의 기득권을 계속 유지하기 위해 남자들의 특성은 우수한 기능으로, 여자들의 특성은 열등한 기능으로 구분했다. 그리고 여자들이 눈물을 보이거나 자신의 감정 상태를 자유롭게 표현할수록 여자답다고 하는 동시에, 이 여자다운 것을 열등한 것으로 간주해왔다. 그래서 '여자답다' '계집애처럼 울기는……' 등 이런 말은 남자에게는 부정적인 의미로 쓰이게 되었다.

이렇게 남녀를 인위적으로 구분 지은 것은 여자들은 영원히 열등한 집단으로 생각하게 하면서 마음대로 통제하기 위한 것이었다. 이런 식으로 남녀를 구분 짓는 잣대는 결국 부메랑이 되어 자기 자신도 구속할뿐더러 수명까지 단축시키는 악영향을 끼쳐왔음을 남자들은 알아야 한다.

시대는 점점 변해가고 있다. 남자가 좋고, 여자가 나쁘고(물론 그 반대도 성립한다) 하는 성(性)의 문제가 아니라, 서로의 장점을 배우고 공유할 줄 알아야 이 새로운 시대를 이끌어나가고 리드해나갈 수 있으며, 이 세상을 보다 행복하게 살아갈 수 있을 것이다. 어제는 둘째 아들 녀석이 마트에 가자고 해서

동네 앞 가게를 갔는데 나와 아이의 의견이 안 맞아 아이가 우니까 주인아저씨가 "남자가 울면 안 되지? 우는 건 여자들이나 우는 거야!" 하는 것이 아닌가? 아직도 우리 주위를 보면 아무 생각 없이 습관처럼 이렇게 말하는 모습들을 볼 수 있다.

우리는 여자, 남자이기 이전에 한 인간으로서 존중받고 자신의 감정을 충분히 발산하면서 살 수 있도록 우리 각자의 삶을 재정비해야만 한다. 슬플 때는 눈물을 보일 줄도 알고, 기쁠 때는 환하게 웃을 줄도 아는 사람으로 살아가야 삶이 풍요로워진다.

사실 남자와 여자의 감정은 크게 다르지 않다. 단지 남자는 이래야 하고, 여자는 저래야 한다는 편견으로 우리 스스로를 구속하고 억압하고 있을 뿐이다.

이런 식의 감정들은 스트레스성 질환이나 성인병을 일으켜 인간의 수명을 단축시킨다. 이런 감정 억제는 결국 자신의 인생을 진정으로 살지 못하게 만든다. 감정을 억제하고 살아간다면 겉으로는 웃음을, 속으로는 고뇌와 고통을 모두 꼭꼭 숨겨둔 피에로와 비교했을 때 무엇이 다르겠는가?

우리의 인생은 일회적이다. 단 한 번뿐이다. 우리 중 그 누구도 지금과 똑같은 생을 다시 살 수는 없다. 연습이 없는 실전만 있는 것이 우리의 인생이다. 기쁠 때는 환하게 웃을 줄 알고, 슬플 때는 눈물을 흘릴 줄 아는 사람이야말로 훨씬 인간적이다. 자신의 감정을 솔직히 표현할 줄 아는 사람이 상대방의 감정에 훨씬 더 잘 공감할 수 있다.

앞으로의 시대는 감성지수가 높은 사람이 각광받는 시대가 될 것이다. 사람을 이해하고 배려할 수 있는 따뜻한 마음, 그것이 바로 공감능력이며 감성지수라 하겠다. 겉과 속이 다른 사람으로 살기보다는 '겉과 속이 일치되게 사는 사람이 훨씬 행복하고 현명한 삶을 살 수 있지 않을까?' 다시 한 번 생각해 보게 된다.

문제는 나에게 있다

사람이 나이가 들어 허무해지는 이유 중의 하나는 뒤돌아보면 내가 없기 때문이다. 특히 많은 여성들이 그렇다. 아무리 주변을 돌아봐도 내가 없다. 내 존재 가치를 어디서도 찾을 수가 없기에 인생이 허무해진다. 젊었을 때나 아이들 키울 때는 그래도 괜찮았다. 내가 할 일들이 분명히 있었다. 눈코 뜰 새 없이 바쁘게 지내면서 내가 그래도 쓰일 곳이 있다고 착각하기도 하고 위안도 삼으면서 살아가기에 허무함을 느낄 시간이 없다.

하지만 나이가 들어감에 따라 할 일은 점점 없어지고 주위 사람들과 얘기도 잘 통하지 않게 된다. 아이 뒷바라지하며 남편만 바라보고 살다보니 세상을 바라보는 시야는 점점 좁아만 간다. 몸은 최첨단의 시대에 살고 있지만 생각은 아직도 몇 세기 전에 머물러 있다. 세월은 변해가지만 나 자신은 그 변화에 맞추는 것조차 버겁게 느껴진다. 세월이 갈수록 그 간격은 점점 더 벌어질 뿐이다.

특히 부부 중심으로 살아온 세월이 아니고 자식 위주로 살아온 세월이기에 딱히 나를 둘 곳이 없어진다. 아이들은 초등학교 4,5학년만 돼도 집에 있는 시간보다는 학교와 학원에 있는 시간이 더 많아지며, 또 성장한 자식은 결혼해서 나름대로의 가정을 꾸려나간다. 부모님이라고 해서 언제까지나 자식의 일에 간섭할 수 있는 것도 아니다. 자식은 내 품안에 있을 때 그나마 내 마음대로 할 수 있는 정도지, 다 큰 자식에게는 그것조차도 어렵다.

하지만 부부 중심으로 살아온 사람들은 나이 들어서 자식을 떠나보낸 후 둘이 남게 되어도 외롭지가 않다. 오히려 이때부터는 삶을 더 보람차게 즐길 수 있게 된다. 내가 미국에 있을 때 나이 드신 할머니, 할아버지들이 친구들과 여행하시는 모습을 보면서 참 보기 좋다는 생각을 했다. 그들은 항상 밝은 표정들이었으며, 무엇보다도 건강해 보였다.

가끔 옆에 할머니를 먼저 태워주고 볼에 살짝 뽀뽀를 해준 다음 운전석으로 돌아가는 머리가 희끗희끗한 할아버지를 볼 때면 나도 모르게 미소가 지어진다. 하지만 우리의 부모님들은 서로를 소 닭 보듯이 하는 경우가 많다. 물론 마음은 그렇지 않겠지만 젊었을 때 하지 못했던 표현을 어찌 나이 들어서 할 수 있으랴! 이제는 하고 싶어도 어색해서 할 수 없게 된다. 그리고 이제 좀 재미있게 살아보려고 할 때쯤에는 몸이 망가져 있거나 이곳저곳이 아프기 시작한다. 과연 나는 무엇을 위해 그리도 바쁘게 앞만 보고 살아왔던가?

'끝없는 희생' 브랜드를 고수하는 부모들이 과연 그렇지 않은 부모에 비해 자식과의 관계가 더 원만하다고, 더 좋다고 말할 수 있을까? 무조건적인 희생보다는 힘과 용기와 자신감을 불어넣어줄 수 있는 부모가 되는 것이 자식과의 관계를 더 원만하게 할 수 있지 않을까?

자식에게 나의 모든 열정을 쏟아부어서는 결코 자식과의 관계가 원만할 수 없다. 집착이 생기기 때문이다. 나의 전부이기 때문에 놓아주고 싶지 않게 된다. 그러나 내가 쏟았던 사랑의 대상은 언젠가는 내 곁을 떠나야 할 사람들이다. 그들이 원할 때 진정 보내줄 수 있는 부모가 되어야 한다. "너 가고 싶은 대로 가라!"고 말은 하면서 저 뒤쪽에서는 미련의 끈을 붙들고 있어서는 안 된다. 진정 사랑한다면 그 끈을 사랑이라는 이름으로 놓아주어야 하는 것이다.

끈을 놓지 못하는 것은 집착이다. 아무리 자식을 사랑하고 부모님을 존경해도 나의 몫은 따로 있는 것이다. 내가 이 세상에 태어난 몫 말이다. 내 모든 것을 그쪽에 다 소비해서는 안 된다. 항상 내가 서 있을 자리는 남겨놓아야 한다. 그래야 인생을 한탄하지 않게 되며 더 이상 원망하지 않게 된다.

요즘 신혼부부 세 쌍 중 한 쌍꼴로 이혼을 한다고 한다. 그렇게 이혼이 급증한 데에는 본인들의 성격과 의식이 무엇보다도 중요한 요인으로 작용할 것이다. 그러나 가끔 몇몇 커플을 보면 너무나 간섭이 심한 부모들 때문에 이혼에 이르는 경우도 있으며, 당사자들보다는 주위 사람들 때문에 하게 되는 이혼도 많은 것 같다. 정말 안타까운 일이 아닐 수 없다. 모든 사람들이 자기 자리를 찾지 못한 결과라는 생각이 든다. 쓸데없이 간섭하는 사람들, 자신의 행동에 대해 무책임한 본인들, 그리고 자기의 인생 안에 정작 중요한 자기 자신은 없고 남들로 가득 차 있는 사람들, 이들에게는 모든 관심거리가 내가 아닌 남들뿐이다. 그러면서 자식 탓, 남편 탓, 부모 탓, 세상 탓 등 남을 탓하게 된다. 너 때문에 내가 요 모양 요 꼴이 됐다고…….

그런데 과연 누구 때문에 인생이 허무해진 걸까? 엄밀히 말하면 그것은 '자기' 때문이다. 만약 자기의 인생을 자식에게 희생하면서 살았다면 그것으로 만족해야 한다. 그건 자신의 선택이었다. "내가 너한테 이렇게 했으니까 너는 나에게 이렇게 해야 한다."고 강요해서는 안 된다. 그렇게 되면 자식과 부모 사이는 소원해질 수밖에 없으며, 부담스러워질 수밖에 없는 것이 현실이다.

물론 희생한 부모님의 노고를 나 몰라라 하자는 것은 아니다. 단지 나의 허망함을 그 자식에게 전가해서는 안 된다는 말이다. 부모가 자식에게 주는 사랑은 너무도 당연한 것이다. 대가성의 사랑은 사랑이 아닌 것이다.

경제적으로 풍요로운 가정에서, 부모님이 자식에게 헌신하는 가정에서 살아갈 수 있다는 것은 어떻게 보면 그 자식들의 행운일 수 있다. 하지만 그렇다고 자식에게 그런 환경을 만들어주는 것이 내 인생의 목적이 되어서는 안 된다. 내 인생에서 자식(아니면 남편, 부모 등)이 살아가는 목적이 되어서는 안 된다. 그들은 내 인생의 들러리일 뿐이다. 이 사실을 깨달아야 한다. 그래야 우리는 남은 인생을 좀더 편안하고 행복하게 살아갈 수가 있다. 이 사실을 깨달아야지만 그 누구도 원망하지 않게 된다.

문제는 나에게 있는 것이다. 내가 부족하기 때문에 자꾸 남 탓을 하게 되는 것이다. 내가 나에게 만족스럽지 못하기 때문에 자꾸 남 탓을 하게 되는 것이다. 자신의 부족함을 다른 곳에서 찾지 마라. 자기 내부에서 찾아라.

진정 행복해지기를 원하는가?

진정 모든 것을 아름다운 시선으로 바라보고 싶은가?

그렇다면 모든 관심을 자신에게로 돌려라. 그리고 그 안에서 또 다른 자신과 어떻게든 해결을 봐라. 그 해결이 어느 정도 된 후에 다시 자신에게 물어보라. "나는 진정 행복한가? 이제는 모든 것이 아름답게 보이는가?" 그래도 아니면 또다시 자신 안으로 돌아가라. 그렇게 반복하다보면 분명 당신에게도 행복의 빛을 보게 되는 날이 올 것이다.

당신 안에는 너무도 괜찮은 또 다른 내가 숨겨져 있다. 그들은 당신이 알아주기를 간절히 바라고 있다. 그들은 먼저 말을 걸 줄 모른다. 당신이 먼저 찾아가 친구가 되어주어야 한다. 그러면 그들은 당신을 보석보다 더 찬란하고 빛나게 만들어줄 것이다.

친절과 미소는 나를 명품으로 만든다

친절이란 어쩌다 하루 연습한다고 해서 나오는 태도는 아닐 것이다. 친절은 저절로 생기는 것이 아니며, 훈련하고 연습하고 노력함으로 인해 얻어지는 후천적인 것이다. 이 세상에 무엇 하나도 노력하지 않고서 얻어지는 것은 없다.

우리는 친절한 사람을 보면 생각이 밝아지고 마음이 따뜻해지며 행동이 편안해지는 것을 느낀다. 저절로 입가에 미소가 생기게 된다. 친절은 인간관계를 부드럽게 하는 윤활유와도 같으며 대인관계를 돈독하게 하는 특효약과도 같다. 요즘은 백화점을 가도, 슈퍼를 가도 많이들 친절해졌다. 원래 우리나라 국민은 남다른 정을 가진 정다운 민족이다. 나는 그런 정다움이 좋다. 친절과 정다움이 만나면 아마도 우리 한국은 세계에서 가장 아름다운 나라가 될 것이다.

톨스토이도 "이 세상을 아름답게 하고, 모든 비난을 해결하고, 얽힌 것을 풀어헤치며, 어려운 일을 수월하게 만들고, 암담한 것을 즐거움으로 바꾸는 것이 있다면, 그것은 바로 친절이다."라고 말했다. 이런 친절은 소극적인 행동이 아니라 적극적인 행동이다.

성공한 사람들은 모든 면에서 적극성을 갖고 있다. 따라서 성공하고 싶다면 친절의 분량을 계속해서 늘려나가야 한다. 친절에 있어서 빼놓을 수 없는 항목이 바로 '미소'이다. 친절하면서 웃지 않는 사람은 없을 것이다. "어린이에게 미소를 가르쳐라." 니체의 말이다. 미소가 흐르는 얼굴은 자신 있게 보이며, 미소가 흐르는 표정은 용기 있어 보이기까지 한다.

인도의 간디는 비록 몸은 왜소했을지라도 그의 얼굴에는 항상 미소가 흘렀기 때문에 인도의 지도자로 존경을 받았다. 일찍이 도산 안창호 선생도 우리 민족에게 미소가 필요함을 주장했다. 그는 화내지 않고 웃으면서 사는 민족이 강한 나라를 만든다며 미소를 거듭 강조했다.

요즘은 기업체나 연수원, 공무원들에게 친절교육을 많이 시킨다. 나 역시 그런 곳에서 강의를 많이 하곤 한다. 그때마다 빠뜨리지 않고 하는 얘기가 바로 '웃음'과 '미소'다.

21세기는 나를 상품화하는 시대다. 나의 미소는 나를 명품으로 만드는 데 꼭 필요한 필수요소이다. 우리는 맨 처음 상대를 대할 때 가장 먼저 상대방의 얼굴 표정을 본다. 우리의 첫인상이라는 것이 얼마나 중요한가!

항상 긍정적인 생각을 하고, 기쁘게 생각하고 매사에 감사하는 마음을 가지고 살며 부드러운 말씨를 선택해서 쓴다면 우리는 미소의 주인이 될 수 있을 것이다. 결국 미소의 크기는 행복의 크기와도 비례한다.

우리 인간에게는 두 가지 특권이 있다. '생각하는 것'과 '웃는 것'이다. 동물에게서는 볼 수 없는 인간에게만 주어진 특권을 당신은 얼마나 많이 그리고 얼마나 자주 사용하는가? 혹시 누군가와 눈 마주치는 것이 두렵지는 않은가? 엘리베이터에 둘이 탔을 때 어찌할 줄 몰라 괜히 시계를 들여다보고 무고한

핸드폰을 열었다 닫았다 해본 적은 없는가? 그럴 때 한 번 상대를 보고 웃어보자. 만약 집 아파트의 엘리베이터 안이었다면 살짝 웃으면서 어디에 사는지, 아이는 몇 학년인지 물어보자. 만약 사무실들이 있는 건물의 엘리베이터 안이었다면 상대가 근무하는 곳은 무슨 일을 하는 곳인지, 하는 일은 무엇인지에 대해 대화를 나누며 명함이라도 교환해보자. 혹시 아는가? 서로가 나중에 도움을 주고받는 사이가 될는지!

미소 짓는 것! 이것은 내가 보여줄 수 있는 가장 저렴하면서도 유용한 적극적인 행위이다. 모든 것이 소극적인 태도에서는 이루어질 수 없다. 이렇게 맑고 좋은 아침! 윗니가 다 드러나 보이도록 활짝 미소를 지어보자. 오늘 하루의 시작이 달라질 것이다.

풍요로운 인생은 교집합에서 나온다

우리는 누군가와 대화할 때 한 가지를 말했는데 그 이상을 이해하는 사람을 만나기도 하고, 열 가지를 말했는데도 그중 한 가지만 이해하는 사람을 만나기도 한다. 전자를 보고 우리는 '말이 통하는 사람'이라고 하며, 후자를 보고 우리는 '말이 안 통하는 사람'이라고 한다.

전자가 옳고 후자가 그르고의 문제는 결코 아닐 것이다. 다만 그것은 대화하고 있는 두 사람의 공통된 부분이 작아서일 뿐이다. 서로 함께 이해하고 느낄 수 있는 부분이 작아서일 뿐인 것이다. 서로 공유하는 공통분모가 많이 겹치는 사람은 늘 자기 안에 있던 내용들인지라 금방 알아들을 수 있는 반면, 공통분모가 적은 사람은 계속해서 부연설명이 필요한 것이다.

초등학교 수학 시간에 우리는 교집합, 차집합, 합집합에 대해서 배운다. 아마 이 글을 읽고 있는 순간 하얀 백지 위에 동그라미 두 개가 서로 겹쳐 있는 벤다이어그램의 모양이 머릿속에 그려질 것이다.

우리가 처음 사람을 만날 때는 항상 교집합보다는 차집합의 공간이 넓다. 그런데 자주 만나고 많은 얘기를 하면서 둘은 교집합의 공간을 늘려가게 된다. 점점 교집합 공간이 넓어지면서 서로 느낌이 통하게 된다. 하지만 서로 통하든 통하지 않든 전체 합집합의 공간에는 변함이 없다.

하지만 차집합이 넓은 사람끼리는 서로 언쟁을 자주 한다. 각자가 가진 것만 주장을 하다보니 늘 "그게 아니라……" 하면서 상대방의 말에 반박하게 된다. 대화를 이어나가기가 무척 어렵다. 그래서 때로는 힘들고 답답하다. 물론 우리는 그 속에서 자극을 받아 많은 것을 생각하게 되고, 또 새로운 것을 배우기도 한다. 하지만 교집합 공간이 넓은 사람들은 얘기할 때마다 "맞아, 어쩜! 그렇게 나랑 똑같니?" 하면서 신이 나서 시간 가는 줄 모른다. 같은 내용의 대화일지라도 받아들이고 즐거워하는 모습은 아주 딴판인 것이다.

이 세상에는 단 한 사람도 똑같은 사람은 존재하지 않기 때문에 교집합이 완전하게 들어맞는 사람은 아무도 없다. 그리고 아주 작아서 없는 것처럼 보일지라도 서로 교집합 부분이 전혀 없는 사람도 없다. 차집합 부분이 워낙 크게 차지하고 있기 때문에 잘 보이지 않는 것일 뿐이다.

내가 그 상대방과 잘 맞는가 안 맞는가는 두 사람의 교집합의 공간이 얼마나 큰가, 차집합의 공간이 얼마나 큰가의 문제다. 그러니까 사람을 만나 대화를 할 때 너무 얘기가 잘 되는 사람을 만나면 "아, 저 사람과 나는 교집합 부분이 크구나!"라고 생각하면 되고, 얘기가 잘 안 된다고 생각되면 "아, 저 사람하고는 차집합 부분의 공간이 크구나!"라고 생각하면 된다.

우리가 살아가는 인생에서 교집합과 차집합 중 어느 쪽 공간이 넓으냐에 따라 느껴지는 행복도와 만족도는 판이하게 다르다. 그런데 이 교집합, 차집합의 공간은 내가 어떻게 하느냐에 따라 얼마든지 바뀔 수 있다.

만약 인생을 풍요롭게 살고 싶다면 사람과의 관계에서 교집합 부분을 늘리면 된다. 똑같은 배움을 접해도 교집합에 있는 사람과 차집합에 있는 사람의 받아들이는 흡수력은 천지차이다. 스펀지와 돌에 물을 부으면 빨아들이는 흡수력이 다르듯이 말이다. 물론 전체 합집합에는 변동이 없기 때문에 그리 중요한 것처럼 보이지 않을 수도 있지만, 우리 삶이 결과가 아니라 과정임을 안다면 매우 중요한 일이라 할 수 있다.

무인도에서 살 생각이 아니라면 내가 만나고 있는 사람들과의 교제에서 그 사람과 나의 교집합 부분을 넓혀야 한다. 그렇게 하고 나서 서로의 신뢰가 쌓이면 각자 가지고 있는 차집합 부분을 함께 얘기해보라. 그럴 수만 있다면 그 둘 사이는 아마 기분 좋은, 깊이 있는 만남이 될 것이다.

음식은 무엇을 먹든 뱃속에 들어가면 포만감을 준다. 하지만 내가 좋아하는 음식을 먹고 난 후의 포만감과 먹기 싫은 것을 억지로 먹은 후의 포만감은 그 느낌이 전혀 다르다. 우리에게는 기분 좋은 감정이 있다. 또 기분 나쁜 감정도 있다. 될 수 있으면 기분 좋은 감정을 자주 끌어낼수록 우리의 몸과 정신은 건강해진다. 기분 좋게 먹는 술은 우리 몸에 좋은 보약이 될 수 있다. 하지만 기분 나쁘게 먹은 보약은 우리 몸에 독이 될 수도 있다.

어떤 마음으로 상대를 대하느냐에 따라 그 상대는 나에게 보약도 될 수 있고, 또 나쁜 독이 될 수도 있다. 만나면 기분 좋은 사람, 만나면 사랑하고픈 사람, 만나면 배울 점이 있는 사람, 만나면 나에게 좋은 자극을 주는 사람……. 그러기 위해서는 먼저 사람과의 관계에 있어서 교집합 부분에 신경을 써야 한다. 그렇게 가까워진 후, 차집합에 대해서 얘기를 한다면 이미 쌓여진 신뢰로 인해 말이 아주 잘 통하는 관계가 형성될 것이다.

만약 네가 오후 네 시에 온다면
난 세 시부터 행복해지기 시작할 거야.
시간이 흐를수록 난 점점 행복해지겠지.
네 시에는 흥분해서 안절부절못할 거야.

그래서 행복이 얼마나
값진 것인가 알게 되겠지!

　　　　　　　　　　　　− 생텍쥐페리,『어린왕자』중에서

행복해지기 위해서는 나부터 바뀌어야 한다

우리의 잃어버린 마음 안에는 우리의 숨겨진 재능과 기술
이 반드시 숨겨져 있다. 우리가 무엇을 하고 싶은지를 발견하
기 위해서는 시행착오와 자기관찰을 해야 하는데 몇 년, 아니
평생이 걸릴 수도 있다.

하지만 난 단언하건대 그럴 만한 충분한 가치가 있다고 생
각한다. 그리고 설사 평생이 걸린다 할지라도 우리는 찾아야
한다고 생각한다. 고민하고 노력해야 한다. 머리가 아프더라
도 생각해야 한다. 그것만이 당신을 가치 있는 사람으로 만들
어줄 것이다. 당신을 정말 자유로운 사람으로 만들어줄 것이
다. 그렇게만 할 수 있다면 그 뒤에 따라오는 보상은 엄청날
것이며, 어느 날 존경받는 사람으로까지 변해 있을 것이다.

존경할 대상이 많은 사회는 정직한 사회다. 그리고 깨끗한
사회다. '과연 난 누구를 존경하는가?' 각자 스스로에게 자문
해보기를 바란다. 아마도 즉시 떠오르는 사람이 없는 경우가
더 많을 것이다. 우리는 누군가를 존경하고, 벤치마킹할 대상
이 있을 때 삶의 활력을 느끼게 된다. 삶의 의욕이 생긴다. 막
연한 생각들을 구체적으로 자리매김할 수 있는 좋은 계기가

되기도 한다.

존경이란 억지로 만들어지는 것이 아니다. 마음에서 우러나오지 않는 존경이란 있을 수 없다. 내가 힘들고 어려울 때 그런 대상이 있는 사람은 이미 그 사람으로부터 정신적인 도움을 받고 있는 것이다. 그러므로 현재 누군가를 존경하고 있다면 그 사람은 앞으로 성장할 가능성과 행복해질 가능성이 매우 높은 사람이다.

그러면 우리의 다음 세대를 이어갈 아이들은 누구를 존경할 것이며, 그 사람의 무엇을 존경할 것인가? 존경할 만한 사람들이 많은 사회는 건강한 사회다. 건강한 사회 속에서 자라나는 아이들은 건강해질 확률이 높다. 그러기 위해서는 우리의 자녀를 도덕지수(MQ)가 높은 아이로 키워야 할 것이다. 신뢰성 있는 아이로 키워야 할 것이다. 사회가 신뢰성이 있으면 내 아이가 신뢰성이 있는 것이 아니다. 내가 먼저, 내 아이가 먼저, 그런 사람이 되어야 하는 것이다. 그랬을 때 우리의 미래는 밝아진다.

난 선진국이라는 것은 그 나라 국민 개개인의 의식이 모일 때야 가능한 것이라 믿고 있다. 나라가 부강하기 때문이 아니라, 그런 개인들이 모여서 부강한 나라를 만들어가는 것이다. 그런 부강한 나라의 힘을 입어 우리 개인도 커나갈 수 있다.

세계는 지금 평생학습 시대에 들어서 있다. 이것은 단지 국가가 제공하는 졸업장과 학위에 끌려 억지로 대학원을 가는 사회가 아니다. 기업과 재벌이 주는 고용기회에 이끌려 새벽부터 토익학원에 가는 사회도 아니다. 서로서로 가르침을 청하고 배우기를 즐거워하는 사회다. 이런 배움을 통해 가치를 창출하고 배움의 희열을 느낄 수 있는 사람들이 많아지기를 기대해본다.

아이들 교육 때문에 왜 강남으로 이사를 해야 하는가? 아이들 공부 때문에 왜 많지도 않은 가족이 뿔뿔이 흩어져 살아야 하는가? 아이에게 무엇을 가르치고 도대체 무엇을 남겨주고 싶어서 그러는지 모르겠다. 공부를 하지 말라는 얘기가 아니라 무엇이 중요한 것인지, 왜 공부를 해야 하는지에 대한 근본 공부가 더 필요하지 않을까? 자기가 그렇게 겪고도 왜 그 전철을 자식에게 똑같이 물려주려고 하는지 모르겠다.

방법이 없어서 그런다고 말하지 말자. 사실은 그 방법이 가장 쉽기 때문이라고 솔직히 얘기하자. 교육정책의 성패가 진정 그 정책을 만드는 사람들이 얼마나 배움의 가치를 아는 사람들이냐에 달려 있는 것은 사실이다. 하지만 탓만 하고 있어서는 바뀌지 않는다. 교육부를 탓하기 전에 먼저 자신은 어떤지 돌아보자.

결국 문제는 다시 개인인 '나로 돌아왔다. 내가 행복해지기 위해서는 내가 바뀌어야 한다. 나라가 부강해지고 사회가 건강해지기 위해서도 내가 바뀌어야 한다. 다른 사람이 바뀌어서 얻게 되는 행복은 절대 지속적일 수 없다. 그것은 정말 일시적인 착각에 불과한 것이다. 바로 내가 바뀔 때, 이 세상은 기쁨과 행복으로 가득한 세상으로 다가온다.

서양의 속담에 다음과 같은 것이 있다.

> 1시간의 행복을 얻고 싶으면 낮잠을 자라.
> 1일의 행복을 얻으려면 낚시를 하라.
> 1주간의 행복을 얻으려면 휴가를 떠나라.
> 1개월의 행복을 얻으려면 결혼을 하라.
> 1년의 행복을 원하거든 부모의 유산을 노려라.
> 일생의 행복을 원하거든 남을 위하여 정성을 다하라.

정신병 환자를 고치는 방법 중에 환자에게 일을 시킨 후 감사하다는 표시를 해서 자기가 한 일이 다른 사람에게 도움을 주었다는 만족감을 느끼게 하는 방법이 있다고 한다. 누군가에게 도움을 준다는 것은 사실 그로 인해 나 또한 도움을 받는 것이다. 타인을 위하여 무언가를 할 수 있다는 것은 자기 자신만을 생각하는 생활과는 다른 어떤 '기여의 기쁨'을 주게 되기 때문이다. 그래서 타인을 행복하게 해줌으로써 오히려 자신이 행복하게 된다는 논리가 성립하는 것이다.

서양에서는 자녀 교육을 시킬 때 "May I help you?(제가 도와드릴까요?)"라는 말을 생활화시킨다. 외국에 나가 살아본 사람이라면 이것이 얼마나 일상에서 자주 듣는 말인지 실감할 것이다. 물건을 사러 상점에 가도 제일 먼저 듣는 말이 "May I help you?"이다.

내가 외국생활을 하면서 가장 남다르게 느낀 점이 있다면 남에게 불편을 끼치는 사람을 거의 야만인처럼 취급한다는 것이다. 한 번은 이런 일도 있었다.

온 가족이 방학을 이용해 Hot Spring이라는 곳을 다녀온 적이 있다. 쉽게 말하면 수영복을 입고 온천욕을 즐기는 곳이다. 온천욕을 하는 풀장 양쪽으로 사람들이 앉아 있는데 한 백인 소녀(우리나라 초등학교 4,5학년쯤 돼 보였음)가 그 사이를 헤엄쳐 지나갔다. 그때 아이의 부모는 그 자리에서 그 아이를 큰소리로 혼을 냈다. 보는 사람이 민망할 정도였다. 다른 사람들을 방해했다는 이유에서였다.

하지만 우리의 경우는 어떨까? "너 이따가 보자, 집에 가서 혼날 줄 알아!" 하면서, 그 자리에서는 그리 심하게 혼내지 않았을 것이다. 그래서 아이들은 공공장소에서 종종 부모들을 일부러 골탕먹이기도 한다. 나중에 부모가 잊어버리고 혼내지 않는다는 사실을 너무도 잘 아니까.

이런 얘기도 있다. 어떤 소년은 비행기를 타고 가는 도중 기후가 나빠서 비행기가 몹시 흔들리자, 자기도 멀미로 정신을 못 차리면서 옆 사람에게 틈만 나면 "May I help you? May I help you?" 하고 묻더라고 한다.

자기중심적인 태도는 어린 시절에 특히 강하다가 나이가 들어 정신적으로 성숙해지면서 엷어져서 타인이나 세계의 존재 가치를 인정하게 된다. 타인의 행복을 생각하는 마음, 그것이 많은 일을 이루게 한다.

남을 도울 수 있다는 것은 남을 사랑할 수 있다는 것이다.

진실로 한 사람을 사랑하는 것은 온 세상을 사랑하는 것과도 같다. 온 세상의 모든 사랑도 결국은 한 사람을 통해 찾아오기 때문이다. 누군가 한 사람을 진실로 사랑해본 이는 알 것이다. 세상이 달라 보이지 않던가? 세상이 아름다워 보이지 않던가? 세상이 나를 위해 존재하는 것 같지 않던가? 그래서 한 사람을 사랑하는 것은 온 세상을 사랑하는 것과도 같다.

하지만 정작 달라진 것은 세상이 아니라 내 마음이 달라진 것이다. 내 마음 하나 바뀌는 것으로 세상은 살 만한 곳이 된다. 내가 누군가에게 꼭 필요한 한 사람이 되고, 누군가가 나에게 꼭 필요한 한 사람이 되면 온 세상이 정말 아름다워질 것이다. 비를 맞으며 걷고 있는 사람에게 우산보다 더 필요한 것은 '함께 걸어줄 친구'이다. 울고 있는 사람에게 손수건 한 장보다 더 필요한 것은 기대어 울 수 있는 '따뜻한 가슴'이다.

우리는 이런 사람이 되어야 한다. 아름다운 세상, 행복한 세상을 원한다면 먼저 내 주위에 있는 사람을 사랑하라. 그리고 마음속에만 담아두지 말고 그 사랑을 표현하라. 뭐든 처음이 어렵지 자꾸 하다보면 일상의 언어처럼 편해진다.

기억하자. 내 마음이 바뀌면 세상이 달라진다.

성공도, 행복도 내 마음에 달려 있다!

행복이란 나중에 얻을 수 있는 것이 아니다

행복이란 나중에 얻을 수 있는 것이 아니다. 돈은 은행에 쌓

아놓으면 나중에 이자까지 붙어 불어날 수 있지만, 행복은 돈이 아니다. 놔둔다고 해서 저절로 불어나는 것이 결코 아니다.

지금 누리지 못하는 행복은 나중에도 역시 누리지 못한다. 행복은 바로 지금, 바로 이 순간에 느낄 수 있는 감정이다. 지금 만나고 있는 그 사람으로 인해 즐거울 수 있다면 그것이 바로 행복이다. 지금 보고 싶은 사람에게 전화해서 깔깔거리고 웃을 수 있다면 그것이 바로 행복이다.

자기계발이란 행복을 뒤로한 채, 극기하는 삶을 살라는 의미가 아니다. 힘든 노동은 낮은 수익을 낳는다. 하지만 스스로 원하는 일을 하면 높은 수익을 얻을 수 있다.

우리는 때로 좋아하는 일을 하면서 돈을 벌 때 알게 모르게 죄책감을 갖게 된다. 그것은 노동은 힘들게, 어렵게 해서 돈을 벌어야 한다는 과거의 통념 때문이다.

하지만 좋아하는 일을 하는 것은 전혀 나쁜 일이 아니다. 즐겁지 않은 일은 해봤자 아무런 가치도 없다. 현재 부를 누리고 있는 거의 모든 사람들은 자신들이 즐기는 일을 하면서 부자라는 부가적 보너스를 받은 사람들이다.

우리가 하는 노동이란 인간의 본질적인 욕구를 만족시키기 위한 자연스러운 행위이다. 다만 일을 할 때는 높은 가치를 가진 일, 놀 때는 큰 즐거움을 느낄 수 있는 놀이에 집중하라는 것이다. 중요한 것은 노동의 양이 아니라 질이기 때문이다. 노동의 질은 스스로 방향을 어떻게 정하느냐에 따라 달라진다.

나의 경우, 내가 좋아하는 일들을 놓치지 않는 편이다. 바쁘다는 이유로 내가 즐거워하는 일을 놓치지 않는다. 그게 책을 보는 것이든, 노래를 하는 것이든, 대화를 하는 것이든, 운동을 하는 것이든, 음악을 듣는 것이든 대체로 그 순간을 놓치지 않는다. 왜냐하면 그 순간이 지나면 느낄 수 없는 소중한 감정들임을 잘 알기 때문이다.

무슨 일을 하든지 미래를 담보로 지금 이 순간의 행복을 놓치지 마라. 행복은 바로 순간에 느끼고 호흡하는 것이다. 그래서 순간을 즐길 줄 아는 사람은 행복하다.

그런 순간들이 모여 내 인생을 만들어가는 것이기 때문이다. 과거를 반성하는 것도 좋고 미래를 계획하는 것도 좋지만, 무엇보다도 중요한 것은 바로 '지금'이다.

세상은 크게 두 가지의 세상으로 나눠볼 수 있다. 하나는 시기와 질투, 욕심과 불행으로 가득한 세상이고 또 하나는 도움과 격려, 기쁨과 환희로 가득한 세상이다. 대부분의 사람들은 전자와 후자의 세상을 왔다갔다 한다. 그래서 상황에 따라 사람들은 즐겁기도 하고 때로는 우울하기도 하다. 그 두 세상 사이에는 다리가 하나 놓여 있기 때문에 언제든지 왔다갔다 할 수 있기도 하다. 당신은 어느 세상에 머물기를 원하는가?

어쩌면 너무 어처구니없는 질문이 될 수도 있다. 답이 명확하기 때문이다. 하지만 답이 명확하다고 해서 모두가 그 정답대로 살아가지는 않는다.

난 지속적인 행복을 원했기에 후자의 세상에 머물기를 간절히 원했다. 그리고 전자의 세상에 있는 사람들에게 하나씩

손짓하기 시작했다. 그것은 전자의 세상에서 뼈저린 아픔을 경험했기 때문이다.

처음에는 전자의 세상에 있는 사람들이 나를 못 미더워하기도 하며, 의심을 하기도 했다. 처음에 내가 그랬던 것처럼 말이다. 하지만 그들을 진심으로 돕고 싶고 그들과 함께 하고 싶었기에 그 마음은 전달될 수 있었고, 그 마음을 전달받은 사람들이 하나씩 그 행복의 다리를 건너오기 시작했다. 그리고 그 사람들도 내가 느꼈던 행복을 공유하기 시작했다.

전자의 세상은 수직구조이며, 경쟁구조이다. 서로를 죽이지 않으면 내가 살아남을 수 없는 세상이다. 하지만 후자의 세상은 수평구조이다. 누구든지 하나씩은 자신의 전문 분야를 가지고 살아가고 있다. 그래서 그들은 서로를 도울 수 있다.

그 속에는 무용가도 있고 연구가도 있고 카운셀러도 있고 동기부여가도 있다. 디자이너도 있고 회사원도 있고 리더를 꿈꾸는 사람도 있고 대학생도 있다. 누가 더 낫다고 볼 수는 없다. 그들은 서로를 축하해주고 서로의 아픔을 보듬어준다. 그래서 그들에게는 밝은 웃음이 있다.

우리들은 너무나 남을 의식하면서 살아가는 경우가 많다. 언제나 나보다는 타인에게 초점이 맞춰진 삶을 살아가는 경우가 많다. 어쩌면 그건 눈에 보이지 않을 뿐, 타인에게 통제당하는 삶이라고 볼 수도 있다.

타인에 의한 통제가 아닌 나 스스로가 통제하는 삶을 살다 보면 스트레스도 훨씬 덜하며, 누가 시켜서 억지로 사는 삶이 아닌 내가 선택한 나의 길이기에 더욱 행복하다. 그런 마음의 여유와 기쁨은 그대로 얼굴로 나타나고 그 얼굴을 바라보는 사람들은 즐거워한다.

나는 오늘도 말한다. "당신도 그런 인생을 한 번 살아보라고!" 어느 특권층에만 부여된 인생이 아니다. 결코 영화 속의 한 장면이 아니다. 바로 그 영화는 당신 스스로가 감독이 되어 만들 수 있는 것이다. 물론 주인공 역시 '당신'이다.

그리고 자기만의 멋진 영화를 찍어라. 얼마 지나지 않아 그 영화에 매료되는 사람들이 나타날 것이다. 그 속에서 당신은 무한한 행복감에 젖게 될 것이다.

꾸물거리지 말고 지금 당장 스탠바이를 외쳐라.

성공의 길은 내 안에 있다

| 펴낸날 | 초판 1쇄 2004년 8월 30일 |
| | 초판 9쇄 2016년 3월 10일 |

지은이	이숙영
펴낸이	심만수
펴낸곳	(주)살림출판사
출판등록	1989년 11월 1일 제9-210호

주소	경기도 파주시 광인사길 30
전화	031-955-1350 팩스 031-624-1356
홈페이지	http://www.sallimbooks.com
이메일	book@sallimbooks.com

| ISBN | 978-89-522-0279-6 04080 |

함께 읽으면 좋은 책

122 모든 것을 고객중심으로 바꿔라 eBook

안상헌(국민연금관리공단 CS Leader)

고객중심의 서비스전략을 일상의 모든 부분에 적용해야 한다는 가르침을 주는 책. 나 이외의 모든 사람을 고객으로 보고 서비스가 살아야 우리도 산다는 평범한 진리의 힘을 느끼게 해 준다. 피뢰침의 원칙, 책임공감의 원칙, 감정통제의 원칙, 언어절제의 원칙, 역지사지의 원칙이 사람을 상대하는 5가지 기본 원칙으로 제시된다.

233 글로벌 매너

박한표(대전와인아카데미 원장)

매너는 에티켓과는 다르다. 에티켓이 인간관계를 원활하게 해주는 사회적 불문율로서의 규칙이라면, 매너는 일상생활 속에 에티켓을 적용하는 방식을 말한다. 삶을 잘 사는 방법인 매너의 의미를 설명하고, 글로벌 시대에 우리가 기본적으로 갖추어야 할 국제매너를 구체적으로 소개한 책. 삶의 예술이자 경쟁력인 매너의 핵심 내용을 소개한다.

350 스티브 잡스 eBook

김상훈(동아일보 기자)

스티브 잡스는 시기심과 자기과시, 성공에의 욕망으로 똘똘 뭉친 불완전한 사람이었다. 하지만 동시에 강철 같은 의지로 자신의 불완전함을 극복하고 사회에 가치 있는 일을 하고자 노력했던 위대한 정신의 소유자이기도 하다. 이 책은 스티브 잡스의 삶을 통해 불완전한 우리 자신에 내재된 위대한 본성을 찾아내고자 한다.

352 워렌 버핏 eBook

이민주(한국투자연구소 버핏연구소 소장)

'오마하의 현인'이라고 불리는 워렌 버핏. 그는 일찌감치 자신의 투자 기준을 마련한 후, 금융 일번지 월스트리트가 아닌 자신의 고향 오마하로 와서 본격적인 투자사업을 시작한다. 그의 성공은 성공하는 투자의 출발점은 결국 자기 자신이라는 점을 보여 준다. 워렌 버핏의 삶을 통해 세계 최고의 부자는 어떻게 만들어지는가를 살펴보자.

145 패션과 명품

이재진(패션 칼럼니스트)

eBook

패션 산업과 명품에 대한 이해를 돕는 책. 샤넬, 크리스찬 디올, 아르마니, 베르사체, 버버리, 휴고보스 등 브랜드의 탄생 배경과 명품으로 불리는 까닭을 알려 준다. 이 밖에도 이 책은 사람들이 명품을 찾는 심리는 무엇인지, 유명 브랜드들이 어떤 컨셉과 마케팅 전략을 취하는지 등을 살펴본다.

434 치즈 이야기

박승용(천안연암대 축산계열 교수)

eBook

우리 식문화 속에 다채롭게 자리 잡고 있는 치즈를 여러 각도에서 살펴 본 작은 '치즈 사전'이다. 치즈를 고르고 먹는 데 필요한 아기자기한 상식에서부터 나라별 대표 치즈 소개, 치즈에 대한 오해와 진실, 와인에 어울리는 치즈 선별법까지, 치즈를 이해하는 데 필요한 지식과 정보가 골고루 녹아들었다.

435 면 이야기

김한송(요리사)

eBook

면(국수)은 세계 각국으로 퍼져 나가면서 제각기 다른 형태로 조리법이 바뀌고 각 지역 특유의 색깔이 결합하면서 독특한 문화 형태로 발전했다. 칼국수를 사랑한 대통령에서부터 파스타의 기하학까지, 크고 작은 에피소드에 귀 기울이는 동안 독자들은 면의 또 다른 매력을 발견할 수 있을 것이다.

436 막걸리 이야기

정은숙(기행작가)

eBook

우리 땅 곳곳의 유명 막걸리 양조장과 대폿집을 순례하며 그곳의 풍경과 냄새, 무엇보다 막걸리를 만들고 내오는 이들의 정(情)을 담아내기 위해 애쓴 흔적이 역력하다. 효모 연구가의 단단한 손끝에서 만들어지는 막걸리에서부터 대통령이 애호했던 막걸리, 지역 토박이 부부가 회휘 저어 건네는 순박한 막걸리까지, 또 여기에 막걸리 제조법과 변천사, 대폿집의 역사까지 아우르고 있다.

253 프랑스 미식 기행 eBook

심순철(식품영양학과 강사)

프랑스의 각 지방 음식을 소개하면서 거기에 얽힌 역사적인 사실과 문화적인 배경을 재미있게 소개하고 있다. 누가 읽어도 프랑스 음식문화에 대해 어느 정도 이해할 수 있도록 복잡하지 않게, 이야기하듯 쓰인 것이 장점이다. 프랑스로 미식 여행을 떠나고자 하는 이에게 맛과 멋과 향이 어우러진 프랑스의 역사와 문화를 소개하는 책.

132 색의 유혹 색채심리와 컬러 마케팅 eBook

오수연(한국마케팅연구원 연구원)

색이 인간에게 미치는 영향과 이를 이용한 컬러 마케팅이 어떤 기법으로 발전했는가를 보여 준다. 색은 생리적 또는 심리적 면에서 사람들에게 많은 영향을 미친다. 컬러가 제품을 파는 시대'의 마케팅에서 주로 사용되는 6가지 대표색을 중심으로 컬러의 트렌드를 읽어 색이 가지는 이미지의 변화를 소개한다.

447 브랜드를 알면 자동차가 보인다

김흥식(『오토헤럴드』 편집장)

세계의 자동차 브랜드가 그 가치를 지니기까지의 역사, 그리고 이를 위해 땀 흘린 장인들에 관한 이야기. 무명의 자동차 레이서가 세계 최고의 자동차 브랜드를 일궈내고, 어머니를 향한 아들의 효심이 최강의 경쟁력을 자랑하는 자동차 브랜드로 이어지기까지의 짧지 않은 역사가 우리 눈에 익숙한 엠블럼과 함께 명쾌하게 정리됐다.

449 알고 쓰는 화장품 eBook

구희연(3020안티에이징연구소 이사)

화장품을 고르는 당신의 기준은 무엇인가? 우리는 음식을 고르듯 화장품 선택에 꼼꼼한 편인가? 이 책은 화장품 성분을 파악하는 법부터 화장품의 궁합까지 단순한 화장품 선별 가이드로써의 역할이 아니라 궁극적으로 당신의 '아름답고 건강한 피부'를 만들기 위한 지침서다.

eBook 표시가 되어있는 도서는 전자책으로 구매가 가능합니다.

㈜살림출판사
www.sallimbooks.com
주소 경기도 파주시 문발동 522-1 | 전화 031-955-1350 | 팩스 031-955-1355